不思議
MAPS

日経ナショナル ジオグラフィック社

Original Title: What's Weird on Earth
Copyright © 2018 Dorling Kindersley Limited
A Penguin Random House Company

Japanese translation rights arranged with
Dorling Kindersley Limited, London
through Fortuna Co., Ltd. Tokyo.

For sale in Japanese territory only.

不思議MAPS

2019年1月16日　第1版1刷

翻訳者	竹花 秀春
編集	尾崎 憲和、葛西 陽子
編集協力	リリーフ・システムズ
発行者	中村 尚哉

発行　日経ナショナル ジオグラフィック社
　　　〒105-8308 東京都港区虎ノ門4-3-12
発売　日経BPマーケティング

ISBN978-4-86313-433-1
Printed and bound in Malaysia

© 2019 日経ナショナル ジオグラフィック社
本書の無断複写・複製（コピー等）は著作権法上の例外を除き、禁じられています。
購入者以外の第三者による電子データ化及び電子書籍化は、私的使用を含め一切認められておりません。

A WORLD OF IDEAS: SEE ALL THERE IS TO KNOW
www.dk.com

目次

不思議な自然

自然の珍現象	6
自然の造形物	8
荒ぶる天気	10
落雷多発地帯	12
大噴火の影響	14
動物の雨	16
不思議な色の水	18
世界を漂うアヒル	20
変装する動物	22
動物の適応力	24
光る動物たち	26
動物の奇想天外な行動	28
共食いする動物たち	30
大群の襲来	32
…だらけの島	34
おかしな木	36
突飛な植物	38
奇抜な菌類	40

不思議な現象

幽霊スポット	44
未知の怪物たち	46
UFOの目撃情報	48
不気味な呪い	50
バミューダトライアングル	52
幸運を呼ぶパワースポット	54
荒唐無稽なでっち上げ	56
世界の勘違い事件	58

コウモリの翼が生えたトカゲ

イエティ

サイコトリア・ペピギアナ

不思議な場所

立入禁止区域	62
人気の観光スポット	64
びっくり建物	66
そっくり建物	68
型破りな橋	70
永遠の炎	72
水没した町	74
手の込んだ迷路	76
物語の舞台	78
常識破りの地理	80
もしすべての氷が解けたら	82
海底に潜む真実	84
地球を掘ったら…	86
すべての国が1つの大陸だった	88
未来の地球	90

不思議な世界

子どもの多い国少ない国	94
奇跡の生存者たち	96
危険なグルメ	98
知らなかった食べ物の話	100
ユニークな仕事	102
珍しい伝統行事	104
珍妙なスポーツ	106
恐怖の道路	108
世界の法律事情	110
マニアックすぎる博物館	112
尋常でない学校	114
おもしろい彫刻	116
風変わりな楽器	118
100歳以上がいる長寿国	120

不思議な歴史

巨大なモニュメント	124
捨てられた町	126
ばかげた戦争	128
理解しがたい流行	130
トンデモ治療法	132
歴史のミステリー	134

不思議雑学

北アメリカと中央アメリカ	138
南アメリカ	140
アフリカ	142
ヨーロッパ	144
アジア	146
オセアニア	148
名前にまつわる話	150
世界のジェスチャー	152
世界観と宇宙観	154
索引	156
謝辞	160

カースマルツゥ

ニワトリ育毛法

ブルガリアとアルバニア南部では、左右に首を振ると「はい」の意味になる

不思議な自然

青く輝く洞穴
ツチボタル(ヒカリキノコバエの幼虫)の明かりに照らされるニュージーランドのワイトモ洞窟。ツチボタルは罠の粘液をたらし、尾部から青い光を発して餌となる虫をおびき寄せる。

不思議な自然

クンマキビ フィンランド
小さな岩の上でバランスを取っている奇岩。最終氷期の終わりに、後退する氷河によってこの位置まで運ばれた。

マンププニョルの巨石群 ロシア、コミ共和国
草の茂る高原からそびえる7つの巨石。高さが40mを超えるものもある。

甘粛張掖国家地質公園（かんしゅくちょうえき） 中国、甘粛省
この国立公園では、砂岩が絵の具のように鮮やかで美しい層を作っている。

プラフチツェ門 チェコ
砂岩でできたヨーロッパ最大の自然のアーチ。全長25.5mに達する。

クリシュナのバターボール インド、マハーバリプラム
この高さ6mの巨石は、今にも転がり出しそうに見える。

仙人橋（せんにんきょう） 中国、泰山
3つの巨大な石が連なって、深い谷を自然の橋でつないでいる。

女王の頭 台湾
海に削られた岩で、イギリスの女王エリザベス1世の横顔に見えると言われている。

白砂漠 エジプト、ファラフラ
この砂漠の岩はどれも白い。

アルナスラ サウジアラビア
完全に真っ二つに割れてもなお直立しているこの巨石は、地質学の謎だ。

デビルズ・マーブルズ オーストラリア、北部準州
オーストラリアに住むアボリジニの人々にとって神聖な丸い花崗岩が、広くて浅い谷じゅうに散らばっている。

マトボの丘群 ジンバブエ
岩でできた独特な丘。このような岩がジンバブエの広い地域を覆っている。

路南石林（ろなんせきりん） 中国、雲南省
何千年にもわたって石灰石が風雨にさらされてできた、総面積400km²の石の「林」。

トーテムポール タスマニア
海から65mの高さにそびえる岩の塔。

モエラキ・ボールダーズ ニュージーランド、オタゴ
浜辺に横たわる丸い巨岩。なんとその中はからっぽだ。

自然の造形物

偉大な芸術は、美術館でしか見られないわけではありません。世界を見わたせば、息をのむほど美しく奇妙な岩の彫刻があります。それらは、風や水といった自然の力が、道具を使わずに、途方もない年月を費やして作り上げたものです。

見つかったもので、43億年前のものだ。

消える湖
アメリカ合衆国、オレゴン州
ロストレイクという湖は、毎年手品のように消えてしまう。かつて溶岩が通ったあとにできた穴が、湖を飲み込んでしまうのだ。

最も長く光った雷
フランス、コートダジュール
2012年8月30日、1つの雷の輝きが7.74秒間も続いた。これは史上最長記録だ。

竜巻大発生
アメリカ合衆国
2011年4月にアメリカ東部で史上最大数の竜巻が発生し、未曾有の被害をもたらした。4月27日の1日だけで199個の竜巻が発生した。

マラカイボの灯台
ベネズエラ
この地域では年間297日も稲妻が走る。これは世界のどこよりも多く、住むにはあまりにも危険な場所だ。

ワシントン山
アメリカ合衆国のニューハンプシャー州にそびえるワシントン山は、過酷な天候で知られる。豪雪に極寒、そのうえ強風も吹く。そのため、山頂に建つ建物は重い鎖で固定されている。

ペニテンテ
アルゼンチン/チリ
ペニテンテは氷や雪でできた尖った柱。アンデス山の高所に見られ、高さが5mを超える柱もある。

これまでに記録された地球の最低気温は、2010年

不思議な自然

珍しい天気

変わった気象現象は、同じような条件であれば世界中で見られる。気象条件によって美しい氷の造形や珍しい雲が生まれることもあれば、激しい嵐が起こったりもする。

アイスサークルと呼ばれる氷の円盤は、寒い時期に水がゆっくりと流れるところにできる。氷に覆われたスイレンの葉のようで、直径が最大で15mに達することもある。

珍しい**双子の竜巻**。これは1つのスーパーセルから起こった2つの竜巻が、同時に地面に触れた場合に起こる。

逆転層の雲は、冷たい空気の層が暖かい空気の層に閉じ込められたとき、普段よりかなり低いところに現れる。

荒ぶる天気

天気の話は記録破りの出来事や珍しい現象にあふれ、ネタが尽きることはありません。不思議な美しい現象がある一方で、命の危険を伴う現象もあります。

一番雨が降る場所
インド、マウシンラム
緑がおい茂るマウシンラムの丘陵地帯には、年間1万1862mmという大量の雨が降る。

色つきの雪
ロシア、スタブロポリ
2010年のある朝、スタブロポリの住民が目を覚ますと、外には紫の雪が降っていた。サイクロンによってアフリカから運ばれてきた砂煙が、ロシア上空で雪雲と混ざったのだ。

一番の降雪量
日本、伊吹山
1927年、伊吹山で1182cmの豪雪が観測された。

一番暑い居住地
エチオピア、ダナキル低地
煮えたぎるほど暑く乾き切ったこの地域の暮らしは過酷だ。そのうえ、火山活動も活発だときている。

泡だらけの海
オーストラリア、ローン
2012年、この海岸沿いに巨大な天然の泡風呂が現れ、高さ最大1.8mに達する泡を沸き立たせた。

ムーンボウ
ザンビア/ジンバブエ
ビクトリアの滝
ビクトリアの滝の水しぶきが月の光を受けて輝くと、銀色に光るムーンボウ（月虹）が現れる。

8月に南極大陸東部で観測された-94.7℃だ。

1年に最大で2万4000人が雷に打たれて命を落としているると推定される。

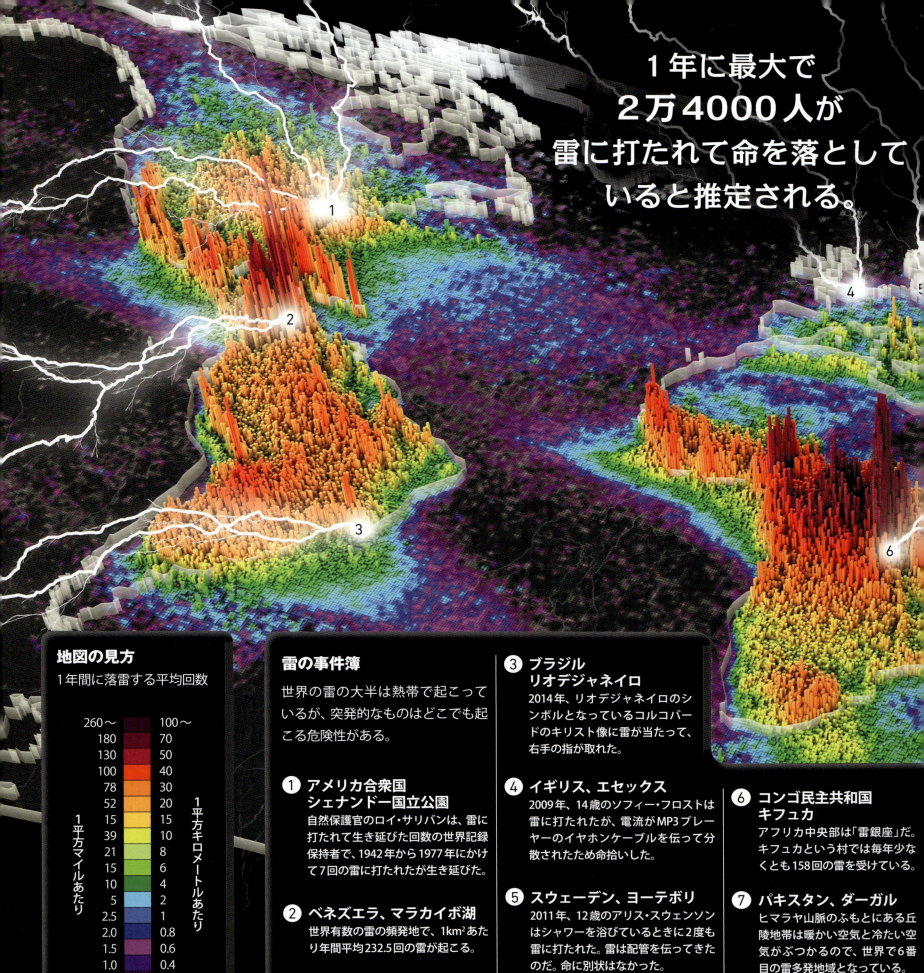

地図の見方
1年間に落雷する平均回数

1平方マイルあたり	1平方キロメートルあたり
260〜	100〜
180	70
130	50
100	40
78	30
52	20
39	15
21	10
15	8
10	6
5	4
2.5	2
2.0	1
1.5	0.8
1.0	0.6
0.5	0.4
0.3	0.2
	0.1

雷の事件簿
世界の雷の大半は熱帯で起こっているが、突発的なものはどこでも起こる危険性がある。

① アメリカ合衆国 シェナンドー国立公園
自然保護官のロイ・サリバンは、雷に打たれて生き延びた回数の世界記録保持者で、1942年から1977年にかけて7回の雷に打たれたが生き延びた。

② ベネズエラ、マラカイボ湖
世界有数の雷の頻発地で、1km²あたり年間平均232.5回の雷が起こる。

③ ブラジル リオデジャネイロ
2014年、リオデジャネイロのシンボルとなっているコルコバードのキリスト像に雷が当たって、右手の指が取れた。

④ イギリス、エセックス
2009年、14歳のソフィー・フロストは雷に打たれたが、電流がMP3プレーヤーのイヤホンケーブルを伝って分散されたため命拾いした。

⑤ スウェーデン、ヨーテボリ
2011年、12歳のアリス・スウェンソンはシャワーを浴びているときに2度も雷に打たれた。雷は配管を伝ってきたのだ。命に別状はなかった。

⑥ コンゴ民主共和国 キフュカ
アフリカ中央部は「雷銀座」だ。キフュカという村では毎年少なくとも158回の雷を受けている。

⑦ パキスタン、ダーガル
ヒマラヤ山脈のふもとにある丘陵地帯は暖かい空気と冷たい空気がぶつかるので、世界で6番目の雷多発地域となっている。

南アメリカのベネズエラにあるマラカイボ湖では、

不思議な自然

落雷多発地帯

この地図は、世界中で起こる落雷の回数を示しています。赤道に近い熱帯地方や、アンデス山脈、ヒマラヤ山脈などの大きな山脈が、とりわけ落雷に見舞われやすい地域と言えます。

⑧ インドネシア
インドネシアのジャワ島とスマトラ島にある山脈は、雷の多発地帯となっている。

⑨ オーストラリア、マラバー
ジョアン・ニッツチクの家に20年間で3回も落雷した。引っ越してもなお雷に襲われたというから、不幸としか言いようがない。

年平均297日も雷に見舞われている。

エイヤフィヤトラヨークトルの噴火

万年雪を頂くアイスランドの火山、エイヤフィヤトラヨークトルは、2010年に噴火するまで180年以上活動を停止していた。それが同年3月に最初の小規模噴火を起こし、続いて4月14日に山頂近くで爆発的な噴火を起こした。火山灰が作りだした噴煙の高さは10kmを超え、以後何カ月もの間、火山灰は巨大な雲になって地球全体に広がった。

4月14日 午後0時
噴火当日の真昼までに火山灰の雲が東に向けて漂い始める。

4月14日 午後6時
夕方までにはヨーロッパ空域にも火山灰の雲が入り込み始める。

4月18日 午前6時
このときまでに火山灰の雲はヨーロッパの大半を覆い、ロシア東部にも侵入していた。

雲底
4月18日に火山灰の雲は一時的ながらピークに達した。科学者の推測では、このときに火山から毎秒750トンのマグマ（溶岩）が噴き出していた。

飛行禁止区域
火山灰の雲には火山岩の微粒子が何千個も含まれていて、それを飛行機のエンジンが吸い込むと故障するおそれがある。そのため、安全面からヨーロッパ全域の飛行機便の75%ほどが運航停止となった。

アイスランド

ヨーロッパ

地中海

噴火の影響で1000万人以上が足止めされ、

不思議な自然

4月15日 午前6時
翌日になりイギリスとスカンジナビアの一部が火山灰の雲に覆われた。

4月16日 午前6時
噴火から2日後、飛行機の運航に深刻な影響が生じ始める。

4月17日 午前6時
噴火から3日後、北ヨーロッパの大部分が火山灰の雲に覆われた。

大噴火の影響

2010年4月、火山灰の巨大な雲がヨーロッパじゅうを覆い、飛行機が飛べなくなりました。このイラストは、状況が一番ひどかった4月18日の様子を示したものです。火山灰の雲は以後数カ月にわたって世界全体を漂い続け、その一部は遠くアメリカの東海岸、北アフリカ、北東アジアまで到達しました。

連鎖反応
ヨーロッパの空港の大半が閉鎖され、アフリカを離発着するフライトの30％、中東のフライトの20％が欠航となった。

アジア

火山の島アイスランド
アイスランドには100以上の火山があり、そのうちの30以上が活動中と考えられている。エイヤフィヤトラヨークトルの噴火は大きな影響をもたらしたとはいえ、実際のところアイスランドの火山では小さいほうだ。

航空会社の損害額は合計17億ドルに上った。

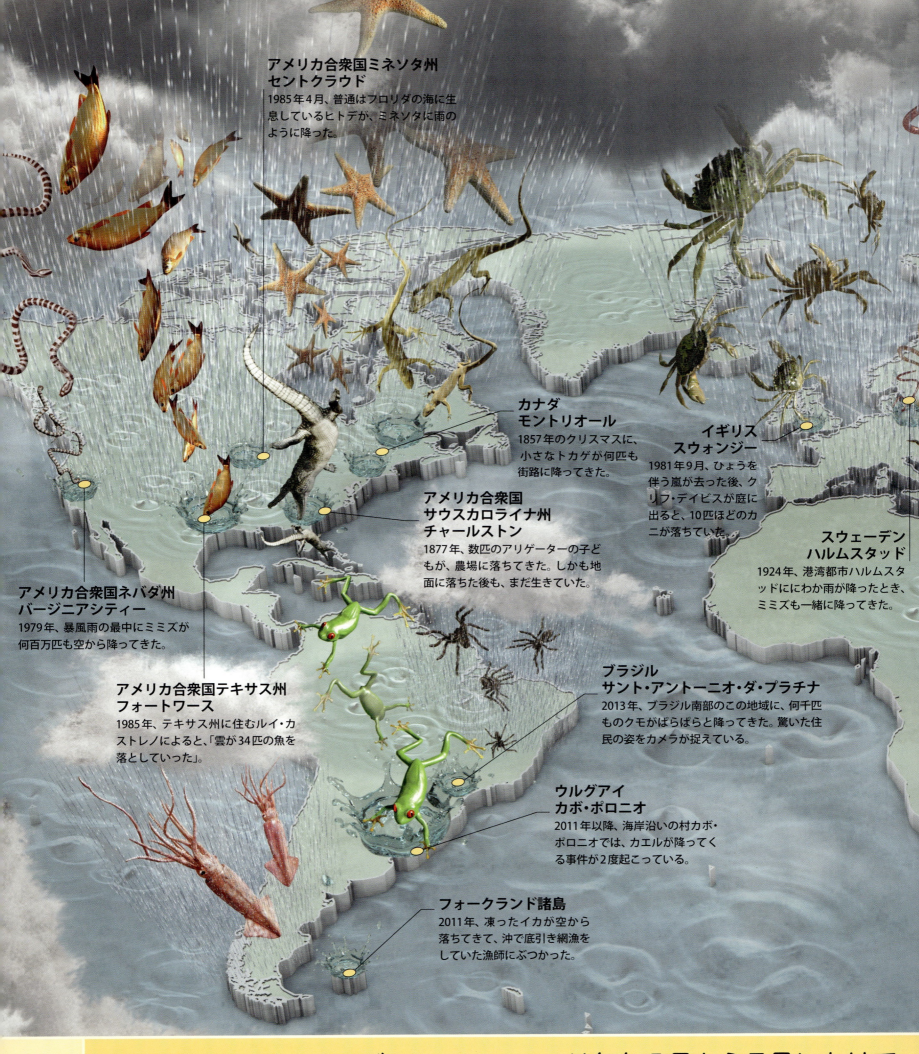

不思議な色の水

ピンク色の水たまりから黄緑色の湖まで、世界はびっくりするような色の水にあふれています。こうした鮮やかな色を生み出しているのは、たいてい植物かバクテリア、あるいは地中から染み出す天然鉱物です。

グランド・プリズマティック・スプリング
アメリカ合衆国、ワイオミング州
イエローストーン国立公園内にある様々な色に彩られた不思議な熱水泉。その深さは10階建てのビルより深い。

スポッティド湖
カナダ、ブリティッシュコロンビア州
夏になると湖の大部分が蒸発して、溶けていたミネラル分が結晶化する。すると、いくつもの大きな水たまりが、斑点(スポット)を散らしたように残る。

ホーステール滝
アメリカ合衆国、カリフォルニア州
2月下旬以降、日暮れになると夕陽が絶妙な角度で滝に当たり、炎が流れ下っているように見える。

ティント川
スペイン、アンダルシア
強い毒性をもつ、血のように赤い川。長年にわたる金属の採掘によって、強酸性の鉱物が堆積している。

カーニョ・クリスタレス
コロンビア、ラ・マカレナ
小さな水生植物のせいで、真っ赤に染まった川。黄色、緑、オレンジ、青になっているところもあって、「流れる虹」とも呼ばれる。

ピッチ湖
トリニダード・トバゴ
ピッチという粘度が高くて黒い天然物質(別名タール)でできた世界最大の湖。ピッチは様々な用途に使われる。

レトバ湖
セネガル、ダカール
鮮やかなピンク色の湖。高い塩分濃度を好む小さなバクテリアが生息しているからだ。

ラグナ・コロラダ
ボリビア、ポトシ
血のように真っ赤な湖。珍しいフラミンゴの生息地となっている。

地図の見方
地図の中で、写真を囲む線の色は、水に色がつく原因を示している。

- 鉱物による染色
- 藻類やバクテリアによる染色
- その他の理由による染色

虹色の浜辺
色が変わるのは水だけではない。濃い紫から不気味な白まで、驚くような色に染まった浜辺もある。その多くが人気の観光地になっていて、摩訶不思議な海岸を一目見ようと、たくさんの観光客が訪れている。

海が青く見えるのは、海が青以外の色の光を

不思議な自然

血の池地獄
日本、大分県別府市
燃える炎のような赤い色が、この温泉の熱さ（約78℃）にマッチしている。

ウルミア湖
イラン、ウルミア
湖の水は普段は緑色だが、湖の塩分が濃くなると赤くなる。

黄龍風景区
中国、四川省
絵画のように美しい峡谷に、エメラルドグリーンの階段状の滝が流れる。

ヒリアー湖
オーストラリア、ミドル島
ショッキングピンクに染まった湖。この水は瓶に入れても色がついて見える。

ワイオタプ熱水泉
ニュージーランド、ロトルア
色のついた熱水泉。なかでも強烈なのは、鮮やかな黄緑色の「デビルズバス（悪魔の風呂）」だ。

パムッカレ温泉の階段
トルコ、パムッカレ
白亜の棚が幾重にも重なった丘を、温泉が流れ下る。

クリムトゥ山の三湖
インドネシア、東ヌサトゥンガラ州
3つの湖は同じ火山の火口にあるが、火山活動の影響で色がそれぞれ違う。

2014年の調査で、地球上には1億1700万個の湖があることがわかった。

ギリシャ、クレタ島の**エラフォニシビーチ**には、普通の白い砂浜に鮮やかなピンク色の砂地が点在している。不思議な色に染めているのは、粉々になったサンゴや貝殻だ。

アイスランドのビークという町の近くに、**黒い砂の浜辺**がいくつかある。砂が黒いのは、玄武岩という火山岩の細かな粒でできているからだ。

アメリカ合衆国ハワイ州マウイ島の**カイハルルビーチ**は、この島にたくさんあるカラフルな浜辺のひとつ。鮮やかな赤色は、鉄分を多く含んだ周りの丘陵に由来する。

血の滝
南極
1911年に初めて発見された暗赤色の滝。白い氷のせいで、色が際立って見える。

すべて吸収して、青い光だけを反射するからだ。

世界を漂うアヒル

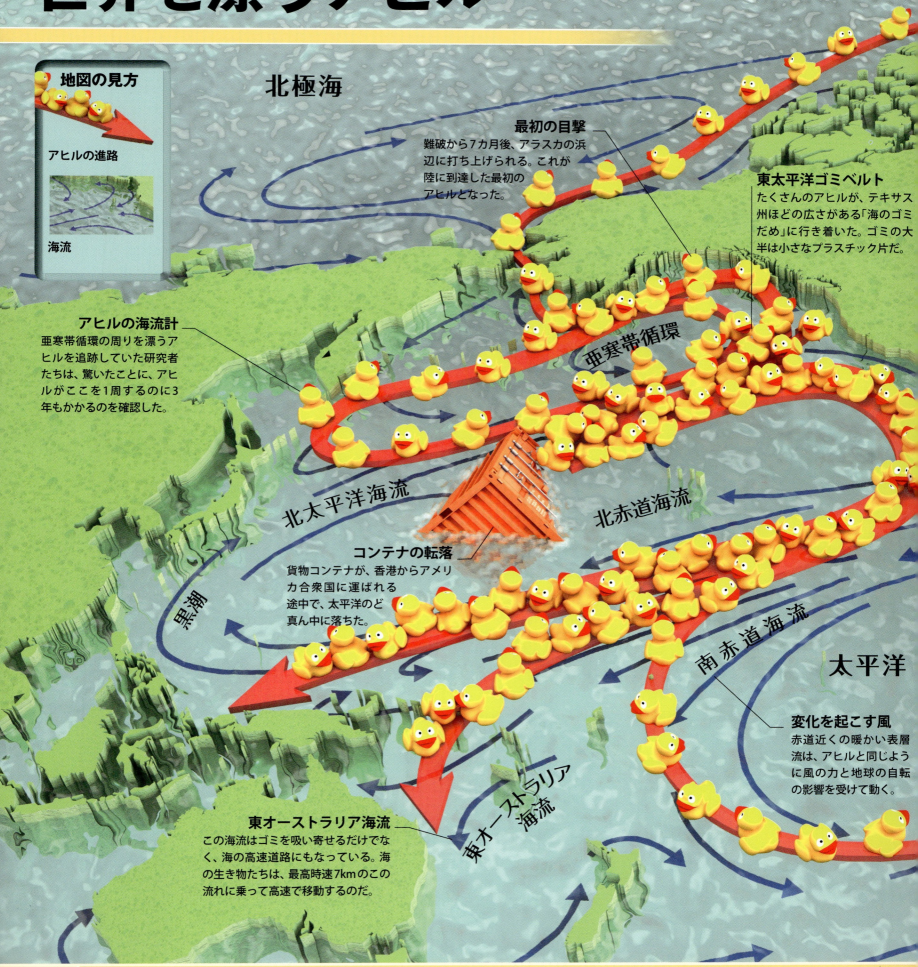

毎年2000個から10000個のコンテナが、

自然と一体化

下に挙げる動物は、自分の姿を葉や枝に似せて天敵や獲物をだます「変装の達人」だ。

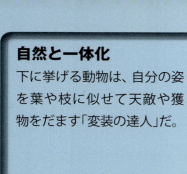

ボルネオに生息するピンクと白の**ハナカマキリ**は、ランの花弁に身を隠して獲物を待つ。

多くの地域に生息する**コノハムシ**は、ただの葉っぱにしか見えない。英語で「歩く葉っぱ」と呼ばれるのもうなずける。

ユウレイヒレアシナナフシは体の色や独特の形状を生かして、枝や枯れ葉の間に紛れる。

カトカラ
アメリカ合衆国／ヨーロッパ
カトカラはガの一種で、前翅は木の皮のように見えるが、後翅は羽を広げると鮮やかな色がついている。

ヒラメ
大西洋／北太平洋
ヒラメやカレイの仲間は色合いが薄いので、海底に横たわると砂に溶け込んでしまう。

シータテハ
ヨーロッパ／アジア／北アメリカ
チョウの仲間。羽を閉じると、枯れ葉にしか見えない。

ヒメハナグモ
北アメリカ／ヨーロッパ
獲物を捕らえるとき、体の色を白や黄色に変えて花の中に身を隠す。

フクロウチョウ
トリニダード・トバゴ
ダリウス・フクロウチョウのさなぎは、ヘビの姿にそっくりだ。体を揺らして、ヘビが動いているように見せることもできる。

アメリカアオリイカ
カリブ海
特殊な皮膚細胞を持っていて、海の中の背景に合わせて皮膚の色を変えられる。

グラスフロッグ
中央アメリカ／南アメリカ
背中の皮膚は緑色だが腹部は透明なので、このカエルが葉の上にいても、捕食者は気がつかない。

ペリングウェイアダー
ナミビア／アンゴラ
うろこが砂模様をした毒ヘビ。砂の中に隠れて、獲物に飛びかかるのだ。

ヘビの模様にびっくり

東南アジアのアトラスガは、羽にヘビの頭にそっくりな模様がある。危険が迫ると羽をパタパタさせ、ヘビの頭と首のように見せかけて威嚇する。香港では「蛇頭蛾」と呼ばれている。

アトラスガの羽の模様は毒を持つコブラに見える。

アトラスガ

インドコブラ

体色が黒と黄色のハナアブはスズメバチのように見えるが、

不思議な自然

ホッキョクギツネ
北極圏
白い毛皮のおかげで、北極の雪の中に簡単に隠れられる。

ナミアゲハの幼虫
アジア／アメリカ合衆国ハワイ
幼虫は小さいうち、体の色が鳥のフンに似ているので、腹を空かせた天敵も避けてしまう。

コノハチョウ
東南アジア
色鮮やかなチョウだが、羽の裏側は茶色い枯れ葉にそっくりだ。

トビトカゲ
東南アジア
皮膚が木の皮のような色をしている。

マンゴーイナズマの幼虫
東南アジア／南アジア
マンゴーイナズマはチョウの一種。その幼虫はトゲだらけの緑色で、自分が暮らしているマンゴーの木の葉のように見える。

レーシースコーピオンフィッシュ
インド洋／太平洋
毒を持つ珍しい魚で、カサゴの一種。その奇妙な形と体の模様は、周囲のサンゴ礁によく溶け込む。

エダハヘラオヤモリ
マダガスカル
姿は枯れ葉そっくりで、天敵は見過ごしてしまうこともあるだろう。

ミミックオクトパス
インドから太平洋海域にかけて
体の色も形も変えて、他の生物のふりをする。この写真ではヒトデに変身中だ。

カメレオン
アフリカ／マダガスカル／南ヨーロッパ／南アジア
カメレオンは気分に合わせて体の色を変えることで有名だ。

オニダルマオコゼ
インドから太平洋海域にかけて
猛毒を持つ魚で、そのまだら模様は、海底の岩のように見える。

変装する動物

色や形を変えられる動物は、世界中にいます。彼らは生まれながらの能力を使って、自分の姿を巧妙に隠し、天敵から逃れたり、獲物をおびき寄せたりします。それは、生き延びるため自然に備わった能力なのです。

オーストラリアコウイカ
オーストラリア南部の沿岸
一瞬で色を変えられるイカ。形も海草、岩、砂に似た姿に変えられる。

リーフィーシードラゴン
オーストラリア南部の沿岸
タツノオトシゴに似た魚。葉のような形のフリルに覆われ、周囲の海草に完全に溶け込める。

針はなく、見た目の怖さで天敵を寄せつけないようにしている。

23

不思議な自然

毒ガエル

毒ガエルが鮮やかな色をしているのは、ただ見せびらかすためではない。天敵に「猛毒を持っている」と警告するためだ。そして、多くのカエルが毒ガエルの色をまねて、周りに動物を近づけないようにしている。

胴体が赤く、足が青いタイプの**イチゴヤドクガエル**は、「ブルージーンズ」と呼ばれている。

ハイユウヤドクガエルは、熱帯雨林の地表あたりにすんでいる。

コバルトヤドクガエルは、野生で4年から6年ほど生きられる。

ホライモリ
スロベニア / クロアチア
洞穴にすむイモリで、目が退化しているが、皮膚を通して光を感じられる。

フタコブラクダ
中央アジア / 東アジア
砂漠にすむ動物。脂肪が詰まった背中のこぶのおかげで、最低-28℃、最高38℃以上でも生きられる。

マレーヒヨケザル
東南アジア
手足の間の大きな皮膜を開いて、木の枝から枝へと滑空することができる。

ヒクイドリ
ニューギニア / オーストラリア
この飛べない鳥は、進化の過程で、他の多くの動物にとっては有毒な果物――カサワリ・フルーツを食べられるようになった。

オカピ
中央アフリカ
天敵には聞こえない周波数で子どもに呼びかけることができるという。

アフリカウシガエル アフリカ
乾季に入ると水分を逃がさないように袋に入って眠り、次の雨が降るまでの数カ月、場合よっては何年も耐える。

モロクトカゲ
オーストラリア
乾燥地域に生息するトゲだらけのトカゲ。うろこの間に細い溝が走り、わずかな水分でも吸い上げる。

動物の適応力

何百万年にもわたる進化によって、動物たちは環境にうまく適応しました。砂漠や深海など、最も過酷な環境に暮らす生き物は、ここに紹介するような恐るべき適応力を発揮します。

唯一の動物はクマムシという極小生物だ。

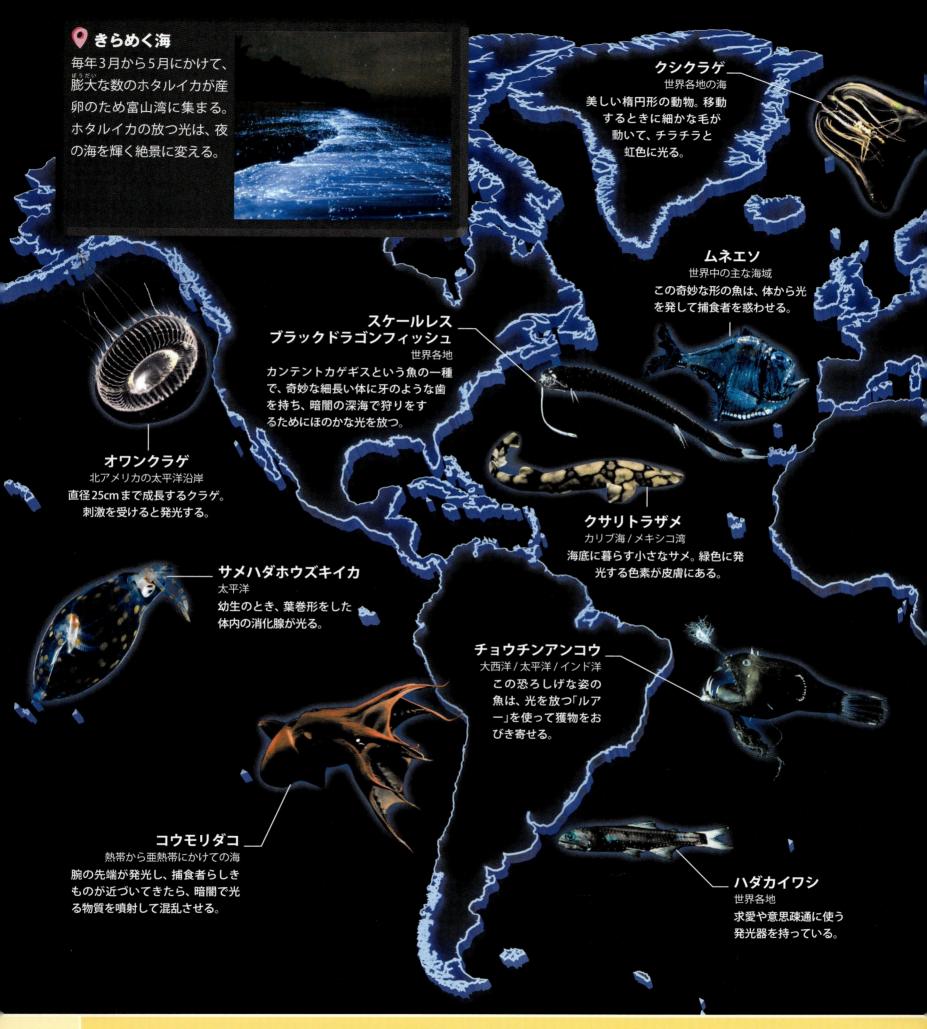

シロイワヤギ
カナダとアメリカ合衆国にまたがるロッキー山脈
このヤギは自然界の一流登山家で、切り立つような険しい斜面でも登ることができる。

ズキンアザラシ
北大西洋 / 北極海
ズキンアザラシのオスは、鼻から垂れるピンク色の皮膚を風船のように膨らませる。異性を誘ったり、恋敵を威嚇して追い払ったりするためだ。

フンコロガシ
アフリカ / ヨーロッパ / アジア
自分より250倍重いフンのボールを、一晩で埋めることができる。

テキサスツノトカゲ
アメリカ合衆国南部 / メキシコ
砂漠にすむ小さなトカゲ。敵に襲われそうになったら、目のふちから血を飛ばす。

木登りヤギ
モロッコ
アルガンの木の実を食べるために、最大で高さ10mの枝まで登ることができる。

ソレノドン
キューバ / ドミニカ共和国 / ハイチ
トガリネズミに似た小型の動物。哺乳類では珍しく毒を持ち、かむと毒が混じる。

エポミス
アフリカ / ヨーロッパ / アジア
エポミスという甲虫の幼虫は、カエルのような大きな両生類に吸いついて餌にする。

グリーンバシリスク
中央アメリカ
熱帯雨林に生息するトカゲで、水の上を走って天敵から逃げることができる。

デンキウナギ
アマゾン川 / オリノコ川
最大600Vの電気を獲物に浴びせて、気絶させる。600Vは一般家庭用のコンセントの電圧の6倍にあたる。

ジェレヌク
アフリカ北東部
ジェレヌクはアンテロープ（レイヨウ）の仲間。後ろ脚で立ち上がると、最大1.8〜2.4mの高さに茂る葉に届く。

ミユビナマケモノ
中央アメリカ / 南アメリカ
木の上に暮らす哺乳類。動作があまりにもゆっくりで、フサフサの毛皮にコケが生えるほどだ。

おしゃれなカニたち
自然界には、海草や海綿、イソギンチャクなどで自分を飾る、おしゃれなカニがいる。だが、これは見せるためではなく、天敵から身を守る大切なカムフラージュなのだ。

海綿で飾ったカニ

海藻をまとったミナミクモガニ

イソギンチャクを乗せたカニ

フグは青酸カリの約1000倍強力な

不思議な自然

動物の奇想天外な行動

動物が発達させた身を守る仕組みや行動には、ありとあらゆるものがあります。持ち上げたり、登ったり、飛んだり、膨らんだり、かみついて毒を注入したり、果ては電気ショックを与える動物までいます。

キタサンショウウオ
北極／北ヨーロッパ／アジア
この両生類は、かなり気温が低くなっても、自ら凍結することで、再び気温が上がるまで耐えられる。

カワゴンドウ
東南アジア
主に河口にいるイルカで、地元の漁師によると、漁網に魚を追い込んでくれるという。

フグ
世界各地の熱帯・亜熱帯の水域
身を守るために大量の水を飲み込んで、天敵が食べられないほど大きなボールのように膨れる。

ハードウィック・ウーリーコウモリ
東南アジア
ウーリーコウモリとウツボカズラは協力関係を築いている。ウツボカズラはコウモリのすみかになっていて、コウモリは排泄物でウツボカズラに不可欠な窒素を供給する。

ヤシガニ
インド洋・太平洋の島々
脚を広げると最大1mにもおよぶ巨大なカニ。ヤシの殻をハサミで割ることができる。

ゴマフビロードウミウシ
インド洋／太平洋
見た目はウサギのように可愛らしいが、天敵から身を守るための猛毒を持った皮膚に覆われている。

ウォンバット
オーストラリア
自分の縄張りの目印として、四角形のフンを置く。丸いと転がってしまうからだ。

トビハゼ
インド洋・太平洋の沿岸
水陸両用の魚で、水から出て泥の上を歩いたり、跳ね回ったりすることができる。

ブロブフィッシュ
オーストラリア沿岸
ほとんど筋肉がなく、水深600〜1200mのあたりを漂いながら、目の前に浮いているものを何でも食べてしまう。

トビウオ
世界各地の暖かい海
天敵から逃げるときは海から飛び出し、翼のような胸びれを使って空中を飛ぶ。

テトロドトキシンという毒を持っている。

共食いする動物たち

野生の生活では、食べ物を見つけるのが難しいこともある。ここで紹介する動物たちは、自分の家族さえ餌として食べてしまう。共食いは残酷なようだが、命をつなぐにはこれしかない場合もあるのだ。

オグロプレーリードッグ
カナダ南部／アメリカ合衆国／メキシコ
メスがライバルの子どもを食べてしまう。

ホッキョクグマ
北極圏
狩り場の浮氷が縮小する一方で、他のホッキョクグマの子どもを食べるしかなくなっている。

タイガーサラマンダー
北アメリカ
競争力旺盛な両生類で、幼生が他の幼生を食べてエネルギーを確保する。

コオロギ
世界各地
コオロギには、食料が少なくなると共食いを始める種が多い。

オブトサソリ
北アフリカ／中東
遭遇した他のサソリを手当たり次第に食べる。餌の少ない環境のサソリには当たり前の光景だ。

ヤジリガラガラヘビ
メキシコ
産卵後のメスが、体力を回復するために、生き残れない子どもを食べてしまう。

オオヒキガエル
中央アメリカ／南アメリカ／オーストラリア
オタマジャクシのときに、栄養を得るために仲間の卵を食べる。成体になっても、自分より小さい仲間を食べることがときどきある。

クロコダイル
熱帯地方
ひどく腹が減ると、共食いすることがある。

バロイングウルフスパイダー
南アメリカ
コモリグモの一種。共食いは珍しいことではなく、交尾するかもしれない異性を食べてしまうこともある。

死のつつき合い

ニワトリがお互いにつつき合うのは普通のことで、意思伝達のひとつの形だが、ときどき血が出るほどエスカレートすることがある。ひどいときには、相手のニワトリの皮を生きたまま引きちぎって食べてしまう。

動物の中には自分の体を食べるものもいて、誤って

…だらけの島

人類は世界を支配しているつもりになっていますが、実は動物に牛耳られた地域もあります。世界中には、コロニー（集団）を作って暮らす、動物に占拠された島々がたくさんあるのです。

📍 ペンギンのパーティー

ジェンツーペンギンの巣が世界一たくさんあるのがフォークランド諸島だ。同諸島にはジェンツーペンギンを含む5種のペンギンがいて、約百万羽がここで繁殖期を迎える。ちなみに、人間は3000人も住んでいない。

野生のウマ
アメリカ合衆国、アサティーグ島
風が強い辺境の地で、動物が暮らすには厳しい環境だが、何百頭という野生のウマのすみかになっている。

ワラビー
アイルランド、ランベイ島
本来、オーストラリアにしか生息していない有袋類だが、1950年代にアイルランド沿岸の島に移入されて以来、そこでずっと繁殖している。

野生のニワトリ
アメリカ合衆国、ハワイ州カウアイ島
カウアイ島では、何百羽という野生のニワトリが我が物顔で道路を横切り、駐車場を通り抜け、スーパーマーケットの中を歩き回っている。

ブタ
バハマ、エグズーマ諸島ピッグビーチ
島には人が住んでおらず、ブタの楽園になっている。海で泳ぐブタを見ようと、たくさんの観光客が訪れる。

ヘビ
ブラジル、ケイマーダ・グランデ島
「毒ヘビ島」とも呼ばれるこの島には、2000〜4000匹の猛毒のマムシの仲間が生息しており、命の保証ができないため、人間の立ち入りが禁止されている。

サル
プエルトリコ沖、サンティアゴ島
約1000匹のアカゲザルが海岸にコロニー（集団）を作って暮らしており、サルの研究者にとって格好の観察地となっている。

毒ヘビ島にすむゴールデンランスヘッドというマムシの仲間は、

不思議な自然

動物の国
日本にはウサギ島のほかにも、ネコ、キツネ、シカの島がある。広島県の宮島には、観光客に好意的なシカがたくさん生息している。奈良市の歴史保存地域にも多くのシカが暮らしていて、観光客が「鹿せんべい」を持っていると、お辞儀をして、もらおうとする。

ニシツノメドリ ノルウェー、ルンデ島
小さな海鳥ニシツノメドリのつがいが、毎年10万組ほど繁殖のために集まる。

ウサギ 日本、広島県大久野島
瀬戸内海に浮かぶ「ウサギ島」。野生のウサギを保護するために、イヌ（補助犬を除く）やネコなど、ペットの持ち込みが禁止されている。

サル インドネシア、バリ島モンキーフォレスト
バリ島の自然保護区域にはカニクイザルが約700匹暮らしており、森の中にある古代寺院を気ままに歩き回っている。

カニ オーストラリア クリスマス島
毎年何百万匹ものクリスマスアカガニが、森から海岸へ大移動し、島は真っ赤なじゅうたんが敷かれたようになる。

オットセイ 南アフリカ、シール島
この島の岩だらけの海岸には、ミナミアフリカオットセイがうようよしている。かといってあまり沖へ出ると、ホホジロザメの一味がオットセイを餌にしようと待ちかまえている。

ゾウガメ セーシェル諸島 アルダブラ環礁
サンゴ島が連なる列島に、アルダブラゾウガメが15万匹以上生息している。その数はセーシェル諸島の総人口よりも多い。

クアッカワラビー オーストラリア、ロットネスト島
人懐っこくてかわいい有袋類。基本的に夜行性だが、この島のクアッカワラビーは、自撮りする観光客と一緒にポーズを取ってくれることで有名だ。

ブラジル本土の同類のヘビより最大で5倍強力な毒を持っている。

おかしな木

世界中には、びっくりするほど不思議な木がたくさんあります。とてつもなく高いとか、形が異様だとか、毒を持っているとか。おかしな木は多くの観光客を引き寄せますが、なかには近寄らないほうがいい木もあります。

バーミスの木
カナダ、アルバータ州
「バーミス」と呼ばれるフレキシマツは、1970年代に最後の針状葉が落ちて、約700年の生涯を閉じた。ところがこの木は、枯れた今でも同じ場所に立っているのだ。

オールドティッコ
スウェーデン、ダラルナ州
「オールドティッコ」というドイツトウヒの根は、最後の氷河期からずっと生きていて、樹齢は9550年ほどに達する。

礼拝堂があるカシの木
フランス、アルビル＝ベルフォス
樹齢800年ほどとされるフランス最古の木のひとつ。木の中に礼拝堂が2つ設けられている。

ジャイアントセコイア
アメリカ合衆国、カリフォルニア州
この巨大な木は、高さが最大で85mまで伸び、太い幹は直径が9mを超えることもある。

マンチニールの木
中央アメリカ
葉から幹までどこもかしこも毒だらけで、スペイン語諸国では「死の木」と呼ばれる。

ブージャムツリー
メキシコ北西部
この奇妙な形をした木は、背丈が最大で15mまで伸びる。

ワックスパームツリー（ロウヤシ）
コロンビア、ココラ渓谷
のっぽのヤシが数百本そびえ、60mという目もくらむ高さに達するものもある。

ソーセージノキ
アフリカ、サハラ以南
この木の果実はソーセージのような見た目をしていて、長さが最大で60cmに達することもある。

ジャボチカバ
ブラジル／ボリビア／パラグアイ／アルゼンチン
ジャボチカバの木は、幹や枝に貼り付くように実がなる。この実を医薬品として使えないか、科学者が研究している。

アメリカに自生するスナバコノキ（砂箱の木）の実は、

不思議な自然

歪んだ森
ポーランド、グリフィノ
森に生える400本のマツは、すべて同じ方向に曲がっている。理由は誰にもわからない。

木のサーカス
1947年、スウェーデン出身の「木の造形職人」アクセル・エルランドソンは、自らの手で木を面白い姿に作り上げ、「ツリーサーカス」をカリフォルニアに開園した。そうした木の一部（右の写真）は、今もギルロイ・ガーデンで見ることができる。

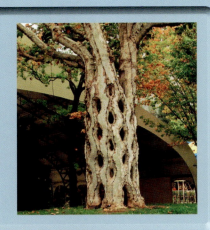

命の木
バーレーン
樹齢400年になるこの木は、どこにも水源が見当たらない砂漠で生い茂っている。

生きている橋
インド、メガラヤ州
インドのカシ人は、川の上にゴムの木の根をはわせて、頑丈な橋をつくる。

タ・プローム寺院
カンボジア、シェムリアップ
12世紀に建立された仏教寺院。木の根が伸びて、建物の一部になっている。

リュウケツジュ
イエメン、ソコトラ島
傘のような形をした木で、樹皮から赤い樹脂を分泌することから、「竜血樹」の名がついた。

レインボーユーカリ
パプアニューギニア/インドネシア/フィリピン
樹皮にオレンジ、緑、赤、グレー、青の筋が入るカラフルな木。この多彩な色は、樹皮が古くなってはがれると現れる。

バオバブ街道
マダガスカル
上下逆さまに植えたようなバオバブの木が、未舗装の道路に沿って生えている。

木のトンネル
かつてアメリカ合衆国カリフォルニア州のヨセミテ国立公園にはワワナ・ツリーというジャイアントセコイアの巨木がそびえ、巨大な幹を貫いたトンネルが観光名所となっていた。1969年に倒れてしまったが、その時点での樹齢は2100年ほどで、樹高は71m近くあった。

オーストラリアのバオバブ
西オーストラリア州キンバリー
太い幹が雨風をしのぐシェルターになる。この木からは食料や薬もとれる。

スロープポイントの木
ニュージーランド南島
南極大陸から吹く強い風によって、スロープポイントの木はねじれ、斜めに歪められ、この奇妙な光景が生まれた。

爆発して、有毒な種をものすごい勢いでまき散らす。

不思議な自然

突飛な植物

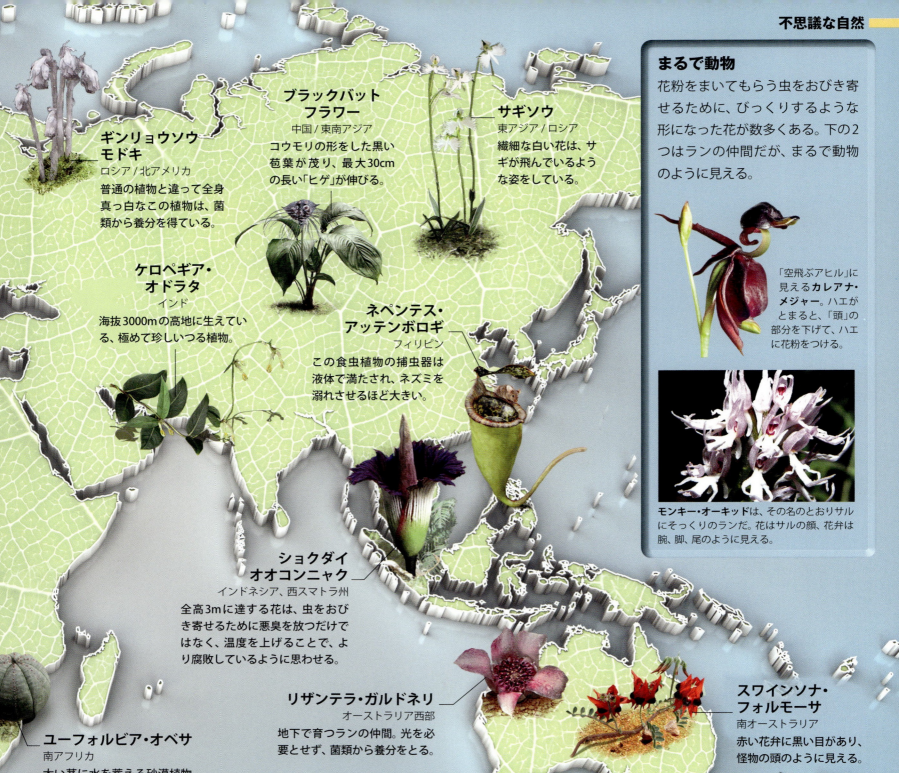

ギンリョウソウモドキ
ロシア／北アメリカ
普通の植物と違って全身真っ白なこの植物は、菌類から養分を得ている。

ブラックバットフラワー
中国／東南アジア
コウモリの形をした黒い苞葉が茂り、最大30cmの長い「ヒゲ」が伸びる。

サギソウ
東アジア／ロシア
繊細な白い花は、サギが飛んでいるような姿をしている。

ケロペギア・オドラタ
インド
海抜3000mの高地に生えている、極めて珍しいつる植物。

ネペンテス・アッテンボロギ
フィリピン
この食虫植物の捕虫器は液体で満たされ、ネズミを溺れさせるほど大きい。

ショクダイオオコンニャク
インドネシア、西スマトラ州
全高3mに達する花は、虫をおびき寄せるために悪臭を放つだけではなく、温度を上げることで、より腐敗しているように思わせる。

ユーフォルビア・オベサ
南アフリカ
太い茎に水を蓄える砂漠植物。野球のボールに似ていることから、「ベースボール・プラント」とも呼ばれる。

リザンテラ・ガルドネリ
オーストラリア西部
地下で育つランの仲間。光を必要とせず、菌類から養分をとる。

スワインソナ・フォルモーサ
南オーストラリア
赤い花弁に黒い目があり、怪物の頭のように見える。

ウルティカ・フェロックス
ニュージーランド
背丈が最大3mに達する特大のイラクサ。たくさん生えている針は、人を殺せるほど大きくなる。

まるで動物
花粉をまいてもらう虫をおびき寄せるために、びっくりするような形になった花が数多くある。下の2つはランの仲間だが、まるで動物のように見える。

「空飛ぶアヒル」に見える**カレアナ・メジャー**。ハエがとまると、「頭」の部分を下げて、ハエに花粉をつける。

モンキー・オーキッドは、その名のとおりサルにそっくりのランだ。花はサルの顔、花弁は腕、脚、尾のように見える。

ここで紹介する植物は、美しさでは勝てませんが、突飛さでは負けません。こうした突飛さには、必ず意味があります。それは、生き残りや繁殖をうまく行うためなのです。

葉状体の長さは1mmにも満たない。

不思議な現象

宇宙人との遭遇
1966年に撮られたUFOの写真。大勢の人々がオーストラリアのウェストール高校にUFOが着陸する様子を目撃している。それから50年後、当時13歳だった女性が「何を見たのか私たちはわかっている」と語った。

幽霊スポット

バンフスプリングスホテル
カナダ、アルバータ州
数多くの心霊現象が起こる心霊スポット。部屋の1つが「消えてしまった」こともある。

フォートジョージ
カナダ
この古い要塞では、「鏡の中の女」と呼ばれる幽霊のような幻影が、目撃されている。

メアリー・キング・クローズ
イギリス、エディンバラ
1800年代に地下に埋められたこの通りには、たくさんの幽霊が潜んでいる。

ブリサック城
フランス
この古城には、グリーンレディと呼ばれる幽霊が住んでいる。

カタコンブ・ド・パリ
フランス
人骨と頭蓋骨が敷き詰められた地下回廊に、多くの食屍鬼が住みついている。

サリーハウス
アメリカ合衆国カンザス州
1900年代に死んだ少女の霊が取りついているという話が、1990年代からある。

マートル大農園
アメリカ合衆国、ルイジアナ州
少なくとも12人の幽霊がいるとされる。幽霊は階段や鏡の中、農園の周りに出没する。

セントオーガスティン灯台
アメリカ合衆国、フロリダ州
不気味な足音が聞こえてくる。

ホワイトハウス
アメリカ合衆国、ワシントンDC
訪問者が元大統領の幽霊を何人か目撃している。

ポーリーズ島のグレーマン
アメリカ合衆国、サウスカロライナ州
ビーチにグレーマンが現れたときは、嵐やハリケーンが迫っているという。

ローズホール
ジャマイカ
アニー・パーマーという女性の霊が、この農園の土地に取りついているという。

ポベーリア島
イタリア、ベネチア
伝染病の犠牲となった人たちの死体が、数千人単位でこの島に捨てられた。幽霊が出ても不思議ではない。

テケンダマ滝のホテル
コロンビア
かつてはテケンダマ滝を見渡す豪華な邸宅だったが、人が住まなくなってから古い時代の幽霊が現れ始め、今は博物館になっている。

心霊スポットや幽霊に取りつかれた家にはご用心。何に出くわすかわかったものではありません。猟犬の亡霊、首のない騎手、白装束のお化けが現れてもおかしくはないのです。決してひとりで行ってはいけません。

① スリーピー・ホロウ
アメリカ合衆国ニューヨーク州を流れるハドソン川。この川沿いの霧が立ちこめる薄気味悪い場所では、ウマに乗った首なし男が何度か目撃されている。

2005年に行われた調査によると、アメリカ人の32%が

不思議な現象

❷ ロンドン塔

ここで処刑された王妃や王子の亡霊が取りついている。1536年に首を切り落とされたアン・ブーリン王妃の、首のない幽霊もいる。

紫禁城
中国、北京
古い城壁に囲まれた場所で白装束の女が目撃され、笛の音が聞こえた。

ボーリバトネット司祭館
スウェーデン
恐ろしい絶叫や宙に浮く人間。古い司祭の家は心霊現象にあふれている。

バーンガル砦
インド、ラジャスタン
昔々、この砦でたくさんの人が侵略者に殺されたという。この場所で幽霊を見たとすれば、さまよい続ける彼らの霊だろう。

青木ヶ原
日本、山梨県
ほの暗い森は有名な心霊スポットだ。

デリー・カントンメント・ロード
インド
さびしく薄気味悪いこの道で、白装束の女性の幽霊が目撃されている。

姫路城
日本、兵庫県
お菊という女のお化けが夜な夜な城の井戸に現れ、皿を数えるという伝説がある。

西営盤社区総合大楼
中国、香港
1970年代に放棄された当時、多くの人が「幽霊に乗っ取られた」と語った。

ドゥーマス・ビーチ
インド、スラト
浜辺には幽霊になった魂がたくさんいて、そのささやきがよく聞こえてくる。

ラワン・セウ
インドネシア、ジャワ
頭のない食屍鬼をはじめ、恐ろしいお化けたちがこの古い建物に住んでいるという。

モンテ・クリスト・ホームステッド
オーストラリア
この薄気味悪い家の所有者によると、「家には誰もいないのに明かりが灯り足音がした」という。

❸ モースハム城

1800年代、オーストリアにあるこの城の近くで、シカとウシが死んでいるのが発見された。城の住人が狼男になって動物を殺したとして、何人もが有罪となった。

キャッスル・オブ・グッドホープ
南アフリカ、ケープ半島
胸壁に立つ長身の男や、黒くて大きな猟犬の幽霊が現れる。

シドニー検疫所
オーストラリア
1800年代、重い疫病にかかったままオーストラリアに入った人は、回復するか死ぬまでここに留め置かれた。死んだ人の霊が、まだここに留まっているかもしれない。

死者の魂や幽霊が戻ってくると信じている。

45

UFOの目撃情報

世界各地の空で、不可解な光や奇妙な飛行物体が目撃されています。それが何なのかは、誰もきちんと説明することができません。なかには、別の星から来たらしい好奇心旺盛な生命体に誘拐されたと言う人もいます。

アラスカ(1986年)
アメリカ合衆国
日本航空の旅客機が2機のUFOに追跡された。

レーニア山(1947年)
アメリカ合衆国、ワシントン州
ケネス・アーノルドが空飛ぶ円盤を目撃したという。

ファルコン湖(1967年)カナダ

グレートフォールズ(1950年)
アメリカ合衆国、モンタナ州

プリンスエドワード島(2014年)カナダ

グライフスバルト(1990年)ドイツ

アンス(1990年)ベルギー
三角形の黒い物体の一団が音もなく飛行しているのを数人が目撃。

レンデルシャムの森(1980年)イギリス
非常に明るい光が木々の間を通るのが目撃され、飛行体が着陸したようである。

バション島(1968年)
アメリカ合衆国、ワシントン州

ソコロ(1964年)
ニューメキシコ州

ニューハンプシャー(1961年)

マサチューセッツ(1967年)

キュサック(1967年)
フランス、オーベルニュ地方

シスコグローブ(1964年)
アメリカ合衆国、カリフォルニア州

ノーフォーク(1952年)
バージニア州

シャング・ハーバー(1967年)カナダ
輝く大きな物体がこの港に墜落した。

グラナダ(1957年)スペイン
戦闘機パイロットがスペインとポルトガルの各地で光るUFOを目撃した。

マニゼス(1979年)スペイン

サンタカタリナ島(1966年)
アメリカ合衆国、カリフォルニア州
UFOの粗い映像が撮影された。

ロズウェル(1947年)
アメリカ合衆国、ニューメキシコ州
ロズウェル近郊の牧場に墜落したUFOが目撃されている。

メキシコ湾(1952年)

カナリア諸島(1976年)スペイン

コラレス(1977年)ブラジル

ラボック(1951年)
アメリカ合衆国、テキサス州
V字形に飛ぶ光が報告され、「ラボックライト」と呼ばれるようになる。

ミナスジェライス州(1957年)ブラジル
農夫のアントニオ・ビラス・ボアスが、UFOに誘拐されたと主張した。

サンパウロ(1986年)ブラジル

バウル(1947年)
ブラジル、サンパウロ州
UFOから現れたエイリアン3人との接近遭遇が報告されている。

ラ・パンパ州(1962年)
アルゼンチン
トラック運転手の遭遇した飛行物体が、燃え上がって2つに分かれ、別々の方向に飛んでいった。

📍 セーラムの発光事件

1952年、アメリカ合衆国マサチューセッツ州セーラム上空に、いくつものまばゆい光が現れた。近くに配置されていた沿岸警備隊のひとりが、その光を写真に収めている。

4つの不可解な光が、空で明るく輝いているように見える。「空飛ぶ円盤」という説明がされているが、本当は何なのか誰にもわからない。

「空飛ぶ円盤」という言葉が広まったのは、1947年にケネス・アーノ

あなたは何を見たのか?

説明のつかない飛行物体は、実際には雷、星、奇妙な形状の雲といった自然現象かもしれない。あるいは人工衛星や、珍しい軍用機や実験機、ドローンだった可能性もある。

軍用機 ステルス爆撃機などは最高機密であるため、一般人には飛行機と認識されないこともあるだろう。

自然現象 金星や木星などの明るい星は、UFOと間違われやすい。

機械装置 低高度を飛ぶドローン、高高度に浮かぶ人工衛星や気象観測気球が見えたのかもしれない。

レンズ雲 一部のUFOは、楕円形の雲が誤認されたものとして説明がつく。

イスタンブール(2008年)トルコ

テヘラン(1976年)イラン

ゴーラクプル(2015年)インド

カーンプル(2015年)インド
男子生徒がUFOの写真を撮った。

河北(1942年)中国

コルカタ(2007年)インド

杭州(2010年)中国
UFOが目撃され、空港が閉鎖された。

ダリネゴルスク(1986年)ロシア
赤い球体が山腹へ墜落するのを村人が目撃。墜落現場から回収した破片は、分析の結果、人間が作ったものではないとされた。

九州(1948年)日本
パイロットが葉巻形のUFOを発見した。

ボイアナイ伝道本部(1959年)パプアニューギニア
目撃者たちは、UFOに乗っている者に手を振ったという。

ルワ(1994年)ジンバブエ
学校の近くで62人の生徒たちが、丸い飛行機とそのそばにいる小人たちを目撃した。

アンタナナリボ(1954年)マダガスカル

ベストール(1966年)オーストラリア、メルボルン
UFOが下降して再び離陸するのを数百人が目撃した。

カイコウラ(1978年)ニュージーランド

バイトブリッジ(1974年)ジンバブエ
1組のカップルが誘拐されたと主張した。

フォート・ボーフォート(1977年)南アフリカ

ベルグレイブ(1993年)オーストラリア

ドラケンスバーグ(1954年)南アフリカ
女性が宇宙人と交信したと主張。

地図の見方
未確認飛行物体は円盤形が多いが、葉巻形も報告されている。UFOの目撃事件には宇宙人と遭遇した事例もある。

UFOの目撃　　　宇宙人の目撃または遭遇

ルドがレーニア山の上空に現れた9つの光る円盤を目撃してからだ。

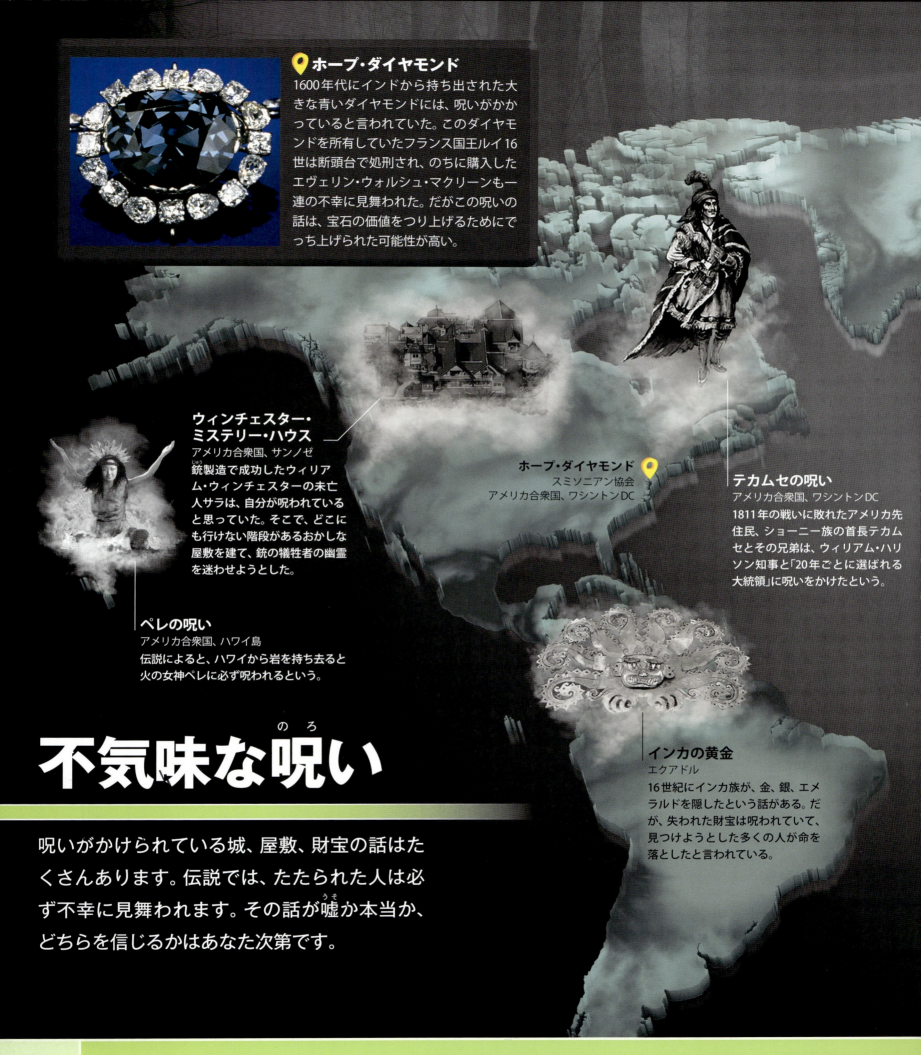

ホープ・ダイヤモンド
1600年代にインドから持ち出された大きな青いダイヤモンドには、呪いがかかっていると言われていた。このダイヤモンドを所有していたフランス国王ルイ16世は断頭台で処刑され、のちに購入したエヴェリン・ウォルシュ・マクリーンも一連の不幸に見舞われた。だがこの呪いの話は、宝石の価値をつり上げるためにでっち上げられた可能性が高い。

ウィンチェスター・ミステリー・ハウス
アメリカ合衆国、サンノゼ
銃製造で成功したウィリアム・ウィンチェスターの未亡人サラは、自分が呪われていると思っていた。そこで、どこにも行けない階段があるおかしな屋敷を建て、銃の犠牲者の幽霊を迷わせようとした。

ホープ・ダイヤモンド
スミソニアン協会
アメリカ合衆国、ワシントンDC

テカムセの呪い
アメリカ合衆国、ワシントンDC
1811年の戦いに敗れたアメリカ先住民、ショーニー族の首長テカムセとその兄弟は、ウィリアム・ハリソン知事と「20年ごとに選ばれる大統領」に呪いをかけたという。

ペレの呪い
アメリカ合衆国、ハワイ島
伝説によると、ハワイから岩を持ち去ると火の女神ペレに必ず呪われるという。

不気味な呪い(のろ)

呪いがかけられている城、屋敷、財宝の話はたくさんあります。伝説では、たたられた人は必ず不幸に見舞われます。その話が嘘(うそ)か本当か、どちらを信じるかはあなた次第です。

インカの黄金
エクアドル
16世紀にインカ族が、金、銀、エメラルドを隠したという話がある。だが、失われた財宝は呪われていて、見つけようとした多くの人が命を落としたと言われている。

ツタンカーメンの墓をあばいたカーナボン卿は、発掘作業後

不思議な現象

カードネス城
イギリス、ダンフリース
居城としていたマカロック一族が何度も不幸にさいなまれたことから、この城は呪われているにちがいないと考えられた。

ラスプーチン
ロシア、サンクトペテルブルク
ロシアを支配するロマノフ家と親密だった怪僧ラスプーチンは、1916年に暗殺された。死ぬ前にロマノフ家を呪って、2年以内に全員死ぬだろうと予言し、実際にそうなった。

ティムールの呪い
モンゴル出身の強大な征服者ティムールは、自分の墓の中に呪いの言葉を残したと言われる。墓には、「ここをあばいた者には恐ろしい運命が待っている」と警告が刻まれていた。1941年にソ連の学者が墓を開くと、その直後にドイツがソ連に攻め込んできた。

トゥランの呪い
ハンガリー
西暦1000年、トゥランという呪術師がハンガリーに呪いをかけたことが、この国のたび重なる不幸の始まりとなった。

真実の口
ローマ、イタリア
大理石でできた海神の巨大なお面には呪いがかかっていて、「真実の口」（ボッカ・デラ・ベリタ）の中に手を入れて嘘をついたら、手をかみ切られると言われている。

ツタンカーメンの墓
エジプト、王家の谷
ファラオの墓をあばいた人間は必ず死ぬと言われていた。1922年にツタンカーメンの墓があばかれたあと、不可解な死がいくつも続いたという。

ティムールの墓
ウズベキスタン サマルカンド

カルニ マーター寺院（ネズミ寺）
インド、デシュノク
この寺ではネズミは神聖な生き物だ。傷つけた人間は呪われ、銀で作ったネズミを寺に寄付しなくてはならない。

黒砂の浜辺
タイ、ヒンハム島
この浜辺から1つでも石を持ち出したら、タイの神様タルタオに呪われる。

グレート・ジンバブエ遺跡
ジンバブエ
11世紀に建設された都市、グレート・ジンバブエはやがて没落し、忘れられた。見つけようとする探検家には呪いがかかって、都市に近づけないようにされると言われていた。

巨大な「真実の口」は、もともと古代ローマ時代の下水管のフタだったようだ。

の1923年4月に死亡し、「呪い」の犠牲者と噂された。

不思議な現象

バミューダ トライアングル

アメリカ合衆国フロリダ州マイアミから東はバミューダ、南はプエルトリコまで広がる三角海域で、たくさんの飛行機や船が姿を消しています。考えられる原因は何でしょうか。この海域には、何か未知の力が働いているのでしょうか。

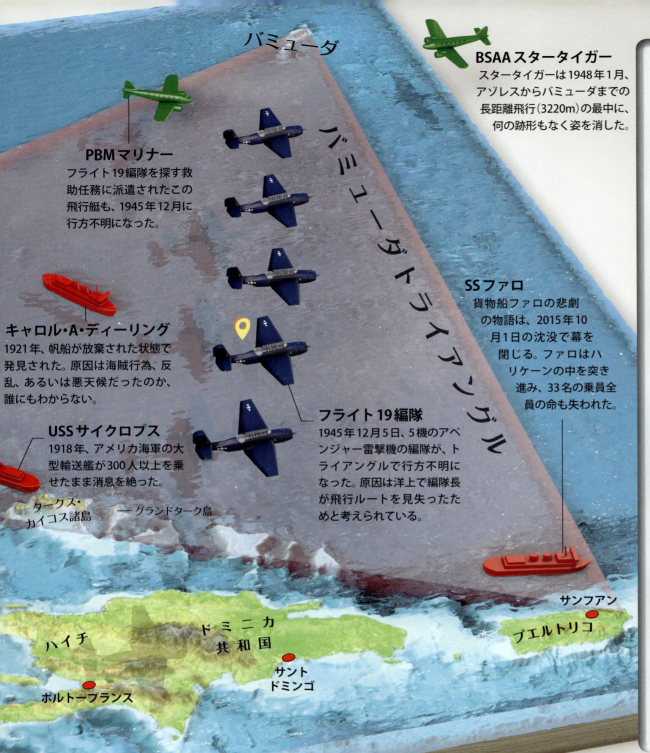

バミューダ

BSAA スタータイガー
スタータイガーは1948年1月、アゾレスからバミューダまでの長距離飛行(3220m)の最中に、何の跡形もなく姿を消した。

PBMマリナー
フライト19編隊を探す救助任務に派遣されたこの飛行艇も、1945年12月に行方不明になった。

バミューダトライアングル

キャロル・A・ディーリング
1921年、帆船が放棄された状態で発見された。原因は海賊行為、反乱、あるいは悪天候だったのか、誰にもわからない。

SSファロ
貨物船ファロの悲劇の物語は、2015年10月1日の沈没で幕を閉じる。ファロはハリケーンの中を突き進み、33名の乗員全員の命も失われた。

USSサイクロプス
1918年、アメリカ海軍の大型輸送艦が300人以上を乗せたまま消息を絶った。

フライト19編隊
1945年12月5日、5機のアベンジャー雷撃機の編隊が、トライアングルで行方不明になった。原因は洋上で編隊長が飛行ルートを見失ったためと考えられている。

タークス・カイコス諸島　グランドターク島

ハイチ　ドミニカ共和国　プエルトリコ　サンフアン
ポルトープランス　サントドミンゴ

ミステリーになる理由
たくさんの航空機や船が行方不明になっているように見えるが、本当にほかの海域よりも危険なのだろうか。「魔の海域」というイメージができるのには理由がある。

バミューダ海域は交通量が多い。 この海域を往来する娯楽用ヨット、自家用機や社用機、貨物船はかなりの数に上る。

バミューダ海域はとても深い。 航空機や船の残骸を見つけて徹底的に調査するのが難しいため、謎が解明されない。

ハリケーンや熱帯性暴風雨が毎年6月から11月にかけてバミューダ海域に到来して、天気が荒れる。

約130万km²におよぶ。

幸運を呼ぶパワースポット

リンカーンの墓
アメリカ合衆国、イリノイ州
頭部像の鼻の頭をこすると、幸運がもたらされるという。おかげでいつもピカピカだ。

ブラーニーの石
アイルランド、コーク

トレビの泉
イタリア、ローマ
後ろ向きになって泉にコインを投げ入れると、願いがかなうと言われている。投げ入れられたお金はすべて、慈善団体に寄付される。

口づけの小道
メキシコ、グアナフアト
この小道の3段目に立ってキスしたカップルは、15年間幸せになると言われている。

レオ・コップ像 コロンビア、ボゴタ
実業家だったレオ・コップ。その墓にある像の耳にお金のことをお願いすると、願いがかなう。

インティワタナの石
ペルー、マチュピチュ
遺跡の一番上にある石に手をかざすと、神聖な力が授けられるという。多くの人が訪れるパワースポットだ。

アコデセワの呪物市場
トーゴ、ロメ
この市場では、ブードゥー教の祈祷師が病気を治すのに使う呪物が売られている。

幸運や健康、恋愛成就を願って、たくさんの人々がパワースポットを訪れます。こうした場所には様々な言い伝えがありますが、深い信仰に由来するものもあれば、軽い縁起かつぎのようなものもあります。

ブラーニーの石にキスする
アイルランドのコークに立つブラーニー城。この城にあるブラーニーの石にキスすると、口が達者になると言われている。石にキスするには、仰向けに寝て城壁に開いた穴から頭を出さなければならない。昔は足首を壁のふちにかけて、宙づりになった状態でキスをしなければならなかった。

シドニーのイル・ポルチェリーノ像は、イタリアのフィレンツェに

不思議な現象

愛の橋
セルビア、ブルニャチュカバニャ

愛の橋
言い伝えによると、第一次世界大戦中にセルビアの兵士がギリシャの女性と恋に落ち、恋に敗れた兵士の婚約者は悲しみのあまり死んだという。地元の少女たちは「彼女と同じ運命になりたくない」と南京錠に自分の名前を書き、かつて2人が会っていたブルニャチュカバニャにあるこの橋に、南京錠を取りつけて鍵を川に捨てるという。

すすり泣く柱
トルコ、イスタンブール
柱に開いた穴に親指を入れ、抜いたときに親指がぬれていれば、願いはかなう。

普賢菩薩が乗るゾウ
中国、峨眉山
6本の牙を持つゾウの実物大の像の尻に触れると、ご利益がある。

浅草寺
日本、東京都
寺でたかれている香炉の煙には治癒力があり、頭にかぶると賢くなる。

笑い仏
中国、杭州
釈迦像のおなかをこするのは幸運を呼ぶ伝統的なおまじないだが、これは中国杭州の霊隠寺から始まった。

希望の橋
イスラエル、ヤッファ

フェローズシャー・コトラ
インド、ニューデリー
祈りを捧げ、要塞の壁に願いごとを貼っておくと、ジン（妖精のような超自然的な生き物）が助けてくれる。

希望の橋
イスラエルのヤッファにある希望の橋には、12星座（黄道十二宮）が描かれた12枚の銅製の銘板が手すりに沿って並んでいる。橋自体はさほど古くないが、言い伝えでは古代のものだとされる。自分の星座に触れながら、海に目を向けて願いごとをする。

イル・ポルチェリーノ
オーストラリア、シドニー
イノシシの銅像の鼻をこすって、噴水にコインを投げると、幸運が訪れる。イノシシの鼻はやはりピカピカだ。

ある17世紀の銅像の複製で、世界各地に同じものが何十体もある。

荒唐無稽なでっち上げ

世界には、誰も信じないような荒唐無稽な話もあれば、真に受けてしまいそうなよくできた話もあります。まれにではありますが、こうしたでっち上げやジョーク（多くは4月1日のエイプリルフールに流されたもの）に、専門家までだまされてしまうことがあるのです。

太平洋北西部の木ダコ
アメリカ合衆国、ワシントン州
1998年、「絶滅危惧種」のタコの保護を行うウェブサイトが開設された。サイト開設者は「このタコは海でなく木の上に生息する」と訴えた。

カーディフの巨人
アメリカ合衆国、ニューヨーク州
1869年、背丈3mの巨大な「石になった人間」が発見された。その正体は、ある実業家が埋めた石膏の彫像だった。

ピエール・ブラッソー
スウェーデン、ヨーテボリ
1964年、ヨーテボリの美術展に、ピエール・ブラッソーという無名の芸術家が描いた絵が展示された。だがその絵を実際に描いたのは、なんとチンパンジーだったのだ。

ビッグフットの足跡
アメリカ合衆国 カリフォルニア州
いたずら好きが木製の型を使って巨大な足跡をこしらえ、「ビッグフット」の足跡だと主張した。

モリスタウンのUFO
アメリカ合衆国、ニュージャージー州
2009年にモリスタウン上空で目撃されたUFOは、実際にはヘリウム風船と発炎筒で作られたものだった。

売りに出されたエッフェル塔
フランス、パリ
詐欺師のビクトル・ルスティヒは、エッフェル塔が売りに出されているという話をでっち上げ、数人が見事にだまされた。

カラベラスの頭蓋骨
アメリカ合衆国、カリフォルニア州
この頭蓋骨は何百万年も前に生きていた人間のものだと信じられていた。だがそれは嘘で、1000年もたっていないことが判明した。

宇宙人の検死
アメリカ合衆国、ネバダ州、エリア51
1995年に医師が宇宙人を解剖している画質の粗い映像が公開されたが、作り物であることがのちに明らかになった。

神聖な偶像 ブラジル
探検家が古い偶像をもらい受け、それは神聖なものだと伝えられた。彼は偶像が「失われた都市」に導いてくれると信じ、偶像が見つかったジャングルに入ったが、以後、彼を見た者はいない。

パタゴニアの巨人
南アメリカ、パタゴニア
18世紀、パタゴニアには背丈が3m50cmもある巨人が住んでいる、との噂が広まった。これは誤りで、一番背が高い人でも2mは超えなかった。

ミステリーサークル
畑にできた奇妙な幾何学模様はUFOが作ったものと多くの人が信じた。だが本当のところは？

イギリスのウィルトシャーにたくさんのミステリーサークルが出現。もともとは、ダグ・バウワーとデイブ・チョーリーがいたずらで作ったものだった。

世界各地にミステリーサークルが出現し、デザインはいっそう複雑になった。上は**ドイツのフェルトモヒング**の畑にできたミステリーサークルだ。

1842年にアメリカ合衆国で「人魚」が展示された。

不思議な現象

コティングリーの妖精
1917年にイギリスのコティングリーで撮影された5枚の写真に妖精が写っていた。多くの人が本物だと信じたが、1980年代になって「犯人」のひとりが切り貼りの合成だったことを認めた。

ピルトダウン人
1912年、イギリスのピルトダウンで頭骨とあごのかけらが発見され、これは初期人類の新しい種の存在を示していると専門家は考えた。しかし、のちにねつ造だと判明した。

万里の長城の解体 中国
1899年に、4人の新聞記者が「中国政府が万里の長城の解体を検討している」という話をねつ造し、複数の新聞に掲載された。

アーケオラプトルの化石 中国
1999年に鳥のような羽毛恐竜の存在を示す化石が登場してセンセーションを起こした。だが、それはいくつかの化石を組み合わせて作った模造品だった。

スパゲッティの木
スイス、ティチーノ
1957年、イギリスのBBCがスイスでは人々が木からスパゲッティを収穫しているというレポートを放送。その日は4月1日だった。

ネズミ毛皮コート
南アフリカ、ヨハネスブルク
毛皮店がネズミの毛皮でできたコートを生産中と新聞が伝えた。1980年4月1日のことである。

ドロップベア
オーストラリア
オーストラリアの森に生息するコアラには凶暴なものがいて、森にやってきた人間に木の上から飛びかかるという。主に観光客を狙ったでっち上げだ。

エイプリルフールのいたずらが初めて文献に出てくるのは**1392年**ことだ。

実際にはサルの体と魚の尾を縫い合わせたものだった。

不思議な現象

世界の勘違い事件

賢馬ハンス
調教師のヴィルヘルム・フォン・オーステンは、ウマのハンスを教育して数学の問題が解けるようになったと主張した。だが1907年によく調べたところ、ハンスは計算などしておらず、調教師の仕草や合図に反応しているだけだとわかった。

コロンブスはヒスパニオラの住民をインディアンと呼んだ。自分がインドに到着したと勘違いしていたからだ。

世界最大のカメ
日本、志摩市
2012年に全長18m、年齢529歳の巨大なゾウガメが見つかったという話が、インターネットで広まった。だがこのゾウガメは、「小さき勇者たち〜ガメラ〜」という映画のために作られたものだと判明した。

ドードー インド洋、モーリシャス
17世紀、モーリシャスにやってきたヨーロッパの船乗りがドードー狩りを行った。さらに、船にいたネズミなどの外来動物も上陸し、ドードーの卵を食べ、ドードーと食べ物を争うようになった。結果、ドードーは死に絶えて、永遠に失われることとなった。

カモのくちばしを持つカモノハシ オーストラリア
1799年、ロンドン自然史博物館に奇妙な標本が届いた。博物館側は作り物だと判断したが、のちにカモのようなくちばしを持つカモノハシだとわかった。

人間の歴史は勘違いであふれています。ラジオのドラマを本当に起こっている事件だと勘違いしたり、不思議な動物が実在するのに作り物だと断定したり。フサフサの体毛にくちばしを持つ動物がいるなんて、専門家でも嘘だと思うでしょう？

からわずか2時間40分で海のもくずと消えた。

不思議な場所

おかしな家
ドイツのビスピンゲンにある平屋建てのフェルクテハウス(「おかしな家」)は、何もかもが上下逆さまだ。家の中で写真を撮って、それを180度回転すれば、まるで天井を歩いているように見える。

人気の観光スポット

この地図は、2015年に訪れた観光客（外国からの訪問者）の数に合わせて国の大きさを変えたものです。入国審査を通過した人数が多い国ほど、面積が大きくなっています。

テーマパークの最高峰

アメリカのフロリダにあるウォルト・ディズニー・ワールドのマジック・キングダムは、2016年に2040万人が訪れ、同年度の入場者数No.1のテーマパークとなった。これにより10年連続でNo.1の栄誉に輝いたことになる。

イギリス、ロンドン
毎年約2000万人が訪れるロンドンは、ヨーロッパで1番、世界でも2番目に訪問者の多い都市となっている。

フランス
毎年8450万近い人が押し寄せるフランスは、世界で最も訪問者が多い国だ。

アメリカ合衆国
アラスカとハワイを含め、年間約7750万人の観光客がアメリカ合衆国を訪れ、北・中央アメリカで一番人気の観光地となっている。

ドミニカ
カリブ海にあるこの島を訪れる人数は年間7万4000人で、北・中央アメリカの国のなかで最も人気がない。

フランス領ギアナ
フランスの海外領土であるギアナを訪れる観光客は年間19万9000人で、南アメリカの国では最も訪問者が少ない。

モロッコ
アフリカで最も観光客が多いのはモロッコだ。年間1010万人が訪れる。

ブラジル
毎年630万人が訪れ、南アメリカで一番観光客が多い。

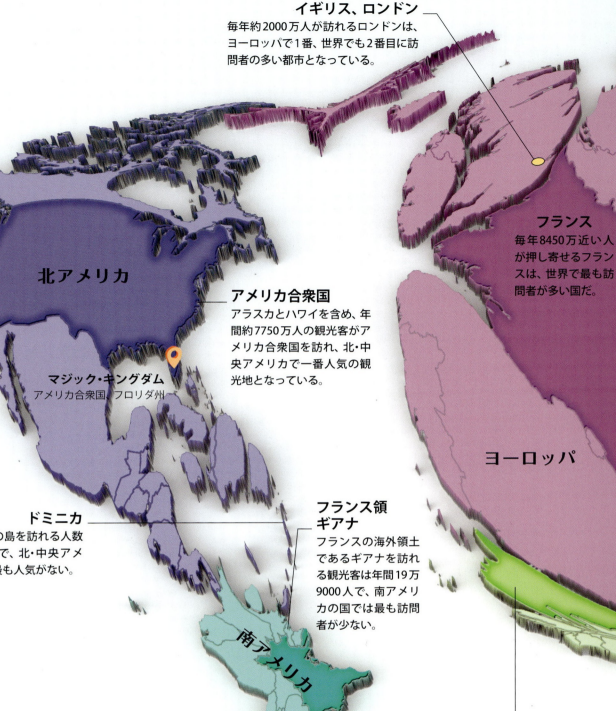

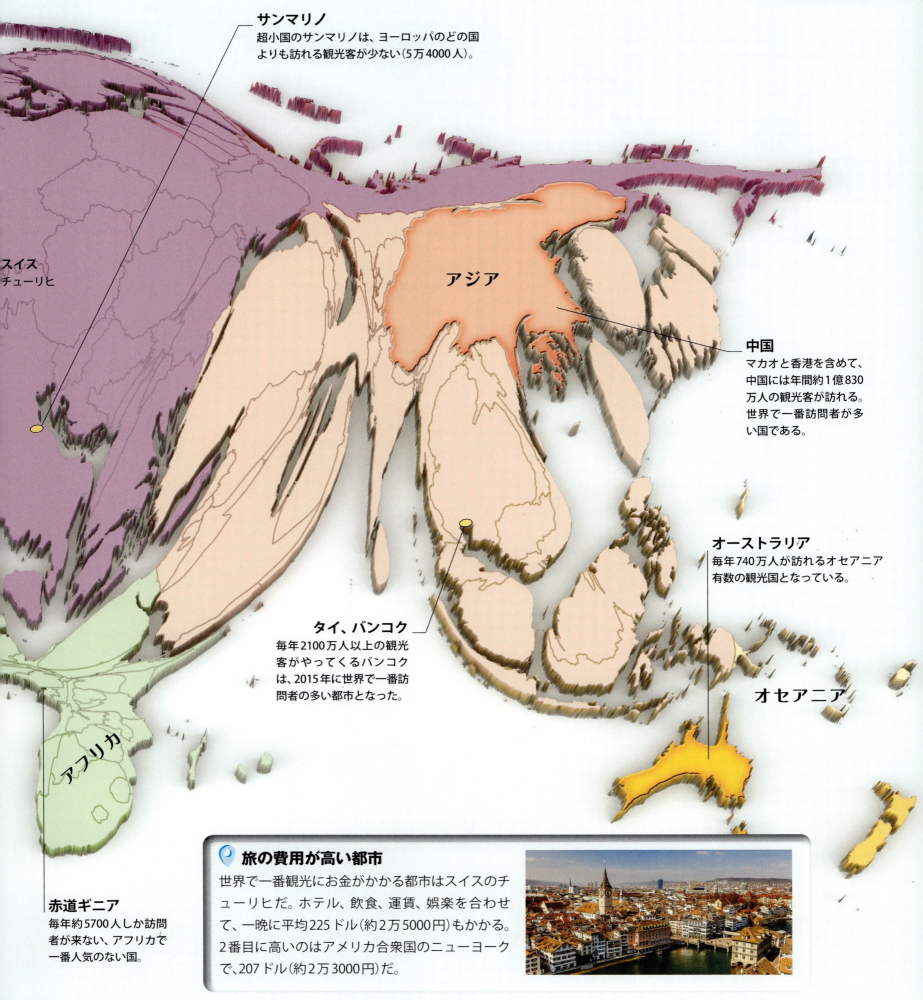

不思議な場所

サンマリノ
超小国のサンマリノは、ヨーロッパのどの国よりも訪れる観光客が少ない（5万4000人）。

スイス チューリヒ

アジア

中国
マカオと香港を含めて、中国には年間約1億830万人の観光客が訪れる。世界で一番訪問者が多い国である。

タイ、バンコク
毎年2100万人以上の観光客がやってくるバンコクは、2015年に世界で一番訪問者の多い都市となった。

オーストラリア
毎年740万人が訪れるオセアニア有数の観光国となっている。

オセアニア

アフリカ

赤道ギニア
毎年約5700人しか訪問者が来ない、アフリカで一番人気のない国。

🔵 旅の費用が高い都市
世界で一番観光にお金がかかる都市はスイスのチューリヒだ。ホテル、飲食、運賃、娯楽を合わせて、一晩に平均225ドル（約2万5000円）もかかる。2番目に高いのはアメリカ合衆国のニューヨークで、207ドル（約2万3000円）だ。

毎年900万人以上が訪れる。

びっくり建物

奇抜な設計や非常識な素材を使った異色の建物は、まわりの建物と比べてひときわ目立って見えます。なかには、比べる建物もない場所で目立っている建物もあります。

グースクリーク・タワー
アメリカ合衆国、アラスカ州
地元で「ドクター・スースの家」と呼ばれる丸太小屋。長い間に建物が上へ上へと積み上げられていき、高さがなんと56mに達した。

フトゥロハウス
アメリカ合衆国、イリノイ州
1968年設計のUFOのようなプラスチックの家。今も100軒ほどが世界各地に建っている。

バスの家
アメリカ合衆国 カリフォルニア州
バスが変身して家になっていく様子を表現した奇抜なバス待合所。

キューブハウス
オランダ、ロッテルダム
傾いた立方体の家が複数並んでおり、1軒1軒が森の木を表している。

カーサ・ド・ペネド
ポルトガル、ファフェ
花崗岩の巨石4つでできた家。電気は通っていないが、水泳用のプールはある。

王立オンタリオ博物館
カナダ、トロント
博物館の増築部は、そこに展示される水晶をイメージして建てられた。

カーサ・テラコッタ
コロンビア、ボヤカ県
すべてが粘土でできているこの家は、「世界最大の陶器」と言われる。

パラシオ・デ・サル
ボリビア、ウユニ塩湖

ペットボトルの家
アルゼンチン プエルトイグアス
家の壁が1200本のペットボトルでできている。

突き出た家
チリ、バルパライソ
家が崖から突き出ていて、その下を鉄道が走っている。

パラシオ・デ・サル
ボリビアの広大な塩の平原のはしっこにあるこのホテルは、家具を含めてすべて塩でできている。だが、宿泊客が壁をなめることは禁止されている。

スペインのバルセロナにあるサグラダ・ファミリア大聖堂は1882年

不思議な場所

アイスホテル
スウェーデン、ユッカスヤルビ

カツヒの柱教会
ジョージア、イメレティ州
高さ40mの石灰岩の柱の上にある教会。修道士が1人で住んでいる。

絶壁の寺
中国、恒山
恒山の中腹の絶壁に40房を有する懸空寺は、1500年以上前、1人の僧によって始められたという。

アイスホテル
すべてが氷でできたアイスホテルは、毎年冬に作り直される。安全確認のための最初の宿泊客はスウェーデン軍サバイバル部隊の隊員だ。

カラアン（「ハチの巣」）
イラン、カンドバン
この村の住民は、火山岩でできた洞穴を家に変えた。

重慶市
中国

高過庵（たかすぎあん）
日本、長野県茅野市
文字通り「高過ぎる茶室」。2本の栗の木のてっぺんに茶室があるので、はしごを登らないと出入りできない。

ダル・アルハジャル
イエメン、サヌア
巨大な岩の上に築かれた建物で、もともとは王家の夏の別邸だった。

ワットサムプラン
タイ、サムプラン
竜が巻きついた17階建ての寺。

モーリシャス商業銀行
モーリシャス、エベネ
4本の柱の上に楕円形の構造物が乗った設計。環境に配慮した建物として賞を受けた。

ボシェス礼拝堂
南アフリカ、ウィツェンバーグ
教会の屋根が大きく波打っているのは、「あなたは主の翼の下に避け所を得るであろう」という聖書の一節に由来する。

まもなく6階に列車が到着します
ビルが密集する重慶市の街中にある19階建てのアパートは、6階から8階が駅になっていて、そこを列車が通り抜ける。これなら、通勤や通学するのに遠くの駅まで行く必要もない。

オービスアパート
オーストラリア、メルボルン
アパートの正面が、巨大な鉄球を押しつけたかのようにへこんでいる。

木の教会
ニュージーランド、オハウポ
「生きている木の教会」。最大で100人を収容できる。

に建設が始まったが、造形が複雑すぎて、いまだに完成していない。

不思議な場所

途切れる橋

ある角度から見ると、途中で途切れているような橋が世界中にある。運転を続けたら、真っ逆さまに落ちてしまいそうだ。背が高くて、極端な登り坂に見える橋もある。車でも登り切れるか不安になるような橋だ。

📍 ノルウェーのストルシャイスン橋は、北から進入すると、橋が空中で突然なくなっているように見える。

📍 島根と鳥取にまたがる江島大橋は、この角度からだとジェットコースターのように見える。だが、実際はこれほど急勾配ではない。

希望の半分橋
ロシア、カルーガ
くさび形をした木製の橋が谷を越え…と思ったら途切れている？実は橋ではなく芸術作品だ。

シャハラ橋
イエメン、シャハラ
1600年代から、2つの山を分ける深い峡谷にかかっている。

江島大橋
日本、松江〜境港

天津アイ
中国、天津市
橋の上には、1周するのに30分かかる観覧車がある。

盤浦大橋（パンポデキョ）
韓国、ソウル
1日に2回、音楽に合わせて七色に輝く壮観な噴水ショーが行われる。

カニの橋
クリスマス島
この島に住むクリスマスアカガニが、道路を安全に渡れるように作られた。

幸運結人行大橋
中国、長沙市
この奇抜なデザインは、裏表と起点終点がない「メビウスの帯」と、幸運を象徴する中国の「幸運結び」をイメージしている。

国道5号線
マダガスカル
不安定な橋がいくつかあるので、ドライバーは渡る前にしっかりと点検する。油断してはならない。

ドラゴン橋
ベトナム、ダナン
毎週土日の夜に、竜が炎と水を吹く。

橋」という意味だが、実際はパリで一番古い橋だ。

永遠の炎

いつまでも消えない火災が、世界各地でたくさん起こっています。原因は放火であったり、事故であったり、あるいは珍しい自然現象によるものもあります。いったん火がついたら最後、石炭や天然ガスを燃料にして燃え続けるのです。

地図の見方
火がどのように起こったかを、炎の色で示している。
- 火が自然に発生した
- 火が意図的につけられた
- 原因不明

スモーキングヒルズ
カナダ、ノースウエスト準州
バサースト岬

エターナル・フレーム・フォールズ
アメリカ合衆国、ニューヨーク州
滝の後ろにある洞窟で小さく燃え続けている。最初にアメリカ先住民が火をつけたと伝えられる。

オールド・バルカン炭鉱
アメリカ合衆国、コロラド州
1896年の爆発によって引火して以来、坑内に広がった火災は今も燃え続けている。

ブレンネンダーベルク（燃える山）
ドイツ、ザールラント
原因不明の炭鉱火災が1688年に起こり、以後ずっと燃えている。

セントラリア
アメリカ合衆国、ペンシルベニア州
1962年に火のついたゴミから炭層に引火して、ずっと燃えている。この先250年間燃え続けるとも言われている。

スモーキングヒルズ
カナダ、バサースト岬の岩だらけの海岸と山々には、硫黄を多く含んだ褐炭の大きな堆積層がある。この褐炭が空気に触れると、自然に火がつく。

インド、ジャリアの火災は、石炭の埋蔵量から考えて

不思議な場所

ヤナルタシュ
トルコ、アンタルヤ
山の中腹の岩からメタンガスがしみ出て、少なくとも2000年間燃え続けている。

地獄の門
トルクメニスタン ダルヴァザ
1971年、天然ガスが噴出する穴に地質学者が火をつけ、それ以来ずっと燃え続けている。「地獄の門」の名で知られる。

ジャワラムキー寺院の永遠の炎
インド、ヒマーチャル・プラデーシュ州
寺の中にある岩から出る永遠の炎は、女神ジワラジとして信仰されている。

ジャリア
インド、ジャールカンド州
最初の火災は1916年に探知され、今も70カ所で燃え続けている。

中国の炭鉱火災
世界最大の石炭の生産国であり消費国でもある中国は、炭鉱火災も世界で一番多い。全長4828kmの石炭地帯全体で、何百件もの炭鉱火災が起こっている。

エマラレニ
南アフリカ
廃坑となった炭鉱での火災が100年以上も続いている。

ババ・グルグル
イラク
広大な油田の真ん中で2500年間燃えて続けている。

水火同源
台湾、台南
1701年に僧侶が発見した。池の底から天然ガスが泡になって湧き出し、水面までくると自然に火がつく。

聖なる炎
インドネシア、ジャワ島ムラペン
地中から漏れ出る天然ガスを燃料に、少なくとも15世紀の頃から燃えている。この炎は、ジャワ文化において神聖なものとされる。

燃える山
オーストラリア ニューサウスウェールズ州 ウィンジェン
少なくとも6000年間燃え続けている世界最古の石炭火災。

マーチソン
ニュージーランド、タスマン
1920年代にハンターが火をつけて以来、地面の穴から出てくる天然ガスを燃料にして燃えている。

オーストラリアの燃える山の火災は年間1mの速度で南へ動いている。

さらに3500年は燃え続けると予想されている。

グリューナー湖

オーストリアには、毎年春になると近くの山の雪解け水が流れ込み、木々からベンチまですべてが水没してしまう公園がある。こうしてできるエメラルドグリーンの湖——グリューナー湖は、以前は自由に泳げたが、今は遊泳禁止になっている。

サフティンゲ
オランダ

地元の言い伝えによると、町には1584年まで人が住んでいたそうだ。漁師が捕らえた人魚を解放しなかったせいで、町は海に沈められたという。

オールドバトラー
アメリカ合衆国、テネシー州

「溺れない町」オールドバトラーは1948年に移転したが、もとあった場所はウォートーガ湖の底に沈んだ。

ダニッチ
イギリス、サフォーク州

海岸侵食によって、中世の重要な町の大部分が海にさらわれた。

ケネット
アメリカ合衆国 カリフォルニア州

鉱山の町として栄えたが、1935年にダムの建設が始まって間もなく人工湖に飲み込まれた。

ロスト・ビレッジズ
カナダ、オンタリオ州

水没した9つの村を記念して作られた博物館。

グリューナー湖
オーストリア

ビラリーニョ・デ・フルナ
ポルトガル

1972年に貯水池に沈むまで、人口300人のごく小さな村だった。

プレンティス
アメリカ合衆国、ミシシッピ州

南北戦争で破壊されたのち、1870年代に水量の多いミシシッピ川に押し流された。

海中都市 キューバ

2001年に深海で見つかった石造りの構造物は、初期の文明社会のものと考えられている。

メディアノ
スペイン

町のほとんどが1974年に水中に沈んだが、教会の尖塔だけは貯水池がいっぱいになっても見えている。

ケチュラ メキシコ

廃墟となったこの村にある16世紀の教会が、乾季になると水面から顔を出す。

ポトシ ベネズエラ

30年近く貯水池の下にあった町が、2010年に再び姿を現した。

ポートロイヤル
ジャマイカ

海賊で有名な町だったが、たび重なる自然災害のせいで波間に沈んだ。

バイア イタリア

世界でも数少ない水中遺跡公園のひとつ。ローマの遺跡が見られる。

カヌードス ブラジル

大きな戦争があった歴史的な町だが、今は新しくできた貯水池に沈んでいる。

水没した町

古代遺跡
ペルー/ボリビア

ティティカカ湖の底に、1500年ほど前のものと思われる寺院の遺跡がある。

背の高い塔

人工湖や貯水池ができて村が水に飲まれても、背の高いタワーや尖塔が水に浸かりきらず、水面から顔を出している場合がある。

海中に沈んだ島アトランティスの伝説はよく知られていますが、本当に水の中に消えた町や村がたくさんあります。水位が下がったときには、水没していた建物の残骸が見えることもあります。

エペクエン
アルゼンチン

1985年の洪水で村が突然浸水してから、ラグーンの塩水によって建物の浸食が急速に進んでいる。

不思議な場所

与那国島
与那国島近くの海底にある巨大な水中構造物の正体は、1986年の発見以来、専門家の間で意見が分かれている。古代文明が築いたピラミッドだと信じる人もいれば、砂岩の性質によって自然にできたと考える人もいる。

カリャージン ロシア

ジャマナ ルーマニア

ファナゴリア ロシア
ロシア最大の古代ギリシャ都市の遺跡。3分の1ほどが水に浸かっている。

イリムスク ロシア
集落が水没する前に、古い木の砦の門塔など、考古学的に重要なものが博物館に移された。

オロウス クレタ島
2〜5世紀に勢力のあった都市。独自の国王と貨幣を持っていた。

獅城（しじょう） 中国、千島湖
「東洋のアトランティス」と呼ばれる歴史的な都市。驚くほど良い状態で水中に保存されている。

ドワールカー インド、カンベイ湾
都市の遺跡から、ビーズ、陶磁器、彫刻が見つかっている。

アトリトヤム イスラエル
水没した集落跡はなんと9000年前のものだ。

与那国島 日本

ヘラクレイオン（トロニス） エジプト
波間に沈む古代の貿易港の遺跡から、巨大な像や石棺、大量の貴金属が引き上げられた。

プレコンチナンⅡ スーダン
1960年代に設計された海底居住実験施設。今では人が住んでいた跡を見られるだけだ。

アダミナビー オーストラリア
貯水池のユーカンビーン湖が完成して水没してから50年後の2007年、ひどい干ばつによって村が再び姿を現した。

高さ74mの**カリャージン鐘楼（ロシア）**が水面から突き出す。この周りには村が沈んでいる。

ジャマナの村（ルーマニア）。人工湖ができて村は水中に消えたが、教会は深いところから尖塔をのぞかせている。

寓話として作った架空の都市と考えられている。

手の込んだ迷路

何千年もの間、人間はせっせと迷宮や迷路を作ってきましたが、目的の多くは謎のままです。そして、今も迷路は作られています。わざわざ道に迷うのを楽しむのです。

芝生迷路
イギリスには草を刈って作る芝生迷路がよく見られる。キリスト教伝来前の古代の祭りと関わりがある。

① サフロンウォルデン
円形芝生迷路としては世界最大。17本の通路で構成され、全長1.6kmに達する。こまめに剪定される小径は800年前からあるとされる。

中世の迷路
中世の頃、北アフリカから北フランスにかけての地域の教会は床に迷路を作った。

② シャルトル大聖堂
大聖堂の迷路を歩くことは巡礼者にとって信仰の探求であり、特に熱心な信者はひざをついて歩いた。

- スナイフェルスネース半島 アイスランド
- ウムバロシア
- カンダラクシャ ロシア
- トロヤボルク スウェーデン ゴトランド — 囚われのお姫様が岩を積み上げて作り、解放されたとされる迷路。
- オーラン フィンランド
- アクセレーム スウェーデン
- ストレベリ スウェーデン
- セントコロンバス・ベイ イギリス
- ③ ヨーク イギリス
- ジュリアンズ・バウワー イギリス
- ウィングメイズ イギリス
- ハリウッドストーン アイルランド
- ヒルトン イギリス
- ① サフロンウォルデン イギリス
- ハンプトンコート宮殿 イギリス
- レイレ デンマーク
- アミアン フランス
- セントアグネス イギリス
- ルイゼンブルク ドイツ — プロイセン王妃ルイーゼにあやかった天然岩の迷路。1790年に庭園になった。
- ロッキーバレー イギリス
- ② シャルトル フランス
- バルカモニカ イタリア
- モゴル スペイン — ガリシアにある岩には、4000年ほど前に彫られた迷路の絵がある。
- バイユー フランス
- レニャック＝シュル＝アンドル フランス — 世界最大と言われる、ひまわりの迷路が毎年作られる。
- ルシリョ スペイン
- パルク・デル・ラベリント スペイン
- オウテイロ・ド・クリボ スペイン
- チャン・ダ・ラゴア スペイン
- ルッツァナス イタリア、サルデーニャ — 迷路を刻んだ岩が墓に隠されている。
- カステロ・ブランコ ポルトガル — 18世紀に、司教が自分の宮殿にバロック様式の生垣迷路を築いた。

トウモロコシの迷路と氷の迷路
トウモロコシ農家や氷の彫刻家が、あっと驚くような迷路で競演している。

ラビリンスの語源は古代ギリシャ語だが、迷路に関して

不思議な場所

古代の迷路
迷路が出てくる話は古代からある。英語の「ラビリンス(迷宮)」は古代ギリシャ語の「ラビュリントス」に由来する。

5 クノッソス
ギリシャ神話によると、アテネの英雄テーセウスが迷宮に入り、ミノス王が閉じ込めた怪物ミノタウロスを倒して、アリアドネから渡された糸を伝って迷宮から脱出したという。

世界の迷路
ヨーロッパだけではなく、世界にはスケールの大きい迷路がいくつもある。

- バンデュッセン植物園 — カナダ、バンクーバー
- ランズエンド — アメリカ合衆国、サンフランシスコ
- 円明園 — 中国、北京
- 1 パイナップル園迷路 — アメリカ合衆国ハワイ州
- 2 ナスカの地上絵 — ペルー、ナスカ
- 3 ハワラの失われた迷宮 — エジプト、ファイユーム
- ジェディムドゥ石迷路 — インド、タミルナード
- アッシュコーム生垣迷路 — オーストラリア、ビクトリア

1 パイナップル園迷路
パイナップルで有名なドールプランテーションには、ハワイの植物で作られた大きな迷路がある。

2 ナスカの地上絵
砂地に作られた2000年ほど前の地上絵は迷路になっている。儀式のときに通路として使われたのかもしれない。

3 ハワラ
古代ギリシャの歴史家ヘロドトスは、かつてあった迷路を「ピラミッドすらしのぐ」と語った。

- ボリショイザヤツキィ島 — ロシア
- クルトヤル — ロシア
- ザコパネ 4 — ポーランド

> 世界最大の生垣迷路である中国の蝴蝶(こちょう)迷宮は長さが8kmもある。

ピュロス — ギリシャ
古代ミケーネの粘土板に刻まれた迷路によって、以後の世界中の迷路の形が決まった。

クノッソス 5 — ギリシャ、クレタ島

地図の見方
ヨーロッパでは、様々な迷路のタイプが何世紀もかけて確立された。

- 有史以前に作られた迷宮
- 生垣(いけがき)迷路
- 古代の迷宮
- 芝地と石の迷路
- 教会の迷路
- 芝生迷路
- 岩の迷路
- トウモロコシや氷の迷路

3 ヨーク
毎年イギリスでは、映画やテレビを題材にした大きな迷路がトウモロコシ畑に作られる。2011年はハリー・ポッターの迷路だった。

4 ザコパネ
2016年、ポーランドのスキーリゾートが、総面積2500km²という史上最大の氷の迷路を作り、世界記録を打ち立てた。

初めて書かれたのは、7000年前の古代エジプトの記録である。

物語の舞台

本を読んだり映画を観たりしていて、「なじみのある場所みたい」と思ったことはありませんか。人気の物語の中には、実在する場所をイメージして作られたものもあります。

たのしいムーミン一家
スウェーデン、ブリード島
トーベ・ヤンソンの人気童話シリーズ。カバのような愛らしい生き物たちが暮らすムーミン谷は、牧歌的なスウェーデンの島をイメージしている。

アナと雪の女王
ノルウェー、アーレンダール
王女エルサが暮らすアレンデールと似た名前の港町。海の眺めが息をのむほど素晴らしい。

宝島
イギリス、シェットランド諸島 アンスト島
イギリス最北端の島が、ロバート・ルイス・スティーブンソンの本に登場する宝物のありかだと言われている。

くまのパディントン
イギリス、ロンドン パディントン駅
マイケル・ボンドの生み出したクマが、「暗黒の地ペルー」から、このロンドンのにぎやかな駅まで、はるばる旅してきた。

ピーター・パン
イギリス、ダンフリース モートブレー
作者のJ・M・バリーが子どものころよく行った場所の記憶から、たくさんの冒険物語が生まれた。

ハーメルンの笛吹き男
ドイツ、ハーメルン
有名なネズミ取り男の物語といえば、昔からこの町だ。

ピーター・ラビットのおはなし
イギリス、カンブリア ヒルトップファーム
作者のビアトリクス・ポッターは、自分の農場の周りにいる動物を題材に物語を書いた。

アルプスの少女ハイジ
スイス、マイエンフェルト
元気な少女ハイジを描いた不朽の名作は、この美しい山地が舞台だ。

ホビットの冒険
イギリス、セアホールミルとモーズリーバッグ
エルフ、ドワーフ、ホビットが暮らす「中つ国」は、作者のJ・R・R・トールキンが育った場所をイメージしたもの。

眠れる森の美女
ドイツ、ノイシュバンシュタイン城

くまのプーさん
イギリス、イーストサセックス州 アッシュダウンの森
「100エーカーの森」のモデルになった静かな森。「プーの棒投げ」を楽しめる橋もある。

ノートルダムのせむし男
フランス、ノートルダム大聖堂
このパリの名所が1820年代に改修されたとき、ビクトル・ユーゴーは大聖堂の鐘楼に住む鐘つき男の物語を思いついた。

ハリー・ポッター
ポルトガル、ポルト リブラリア・レロ書店

ドン・キホーテ
スペイン、ラ・マンチャ地方
セルバンテスの喜劇に出てくる、騎士になりたい主人公、ドン・キホーテの故郷がここだ。

地図の見方
本や映画のモデルになった場所。

本

映画

ハリー・ポッター
魔法の動く階段をはじめとしたホグワーツ城の仕掛けは、ポルトガルにあるリブラリア・レロ書店の幻想的な建物がモデルとされる。

ジュラシック・パークの舞台となったイスラ・ヌブラルという

ヨーロッパ以外

大草原の小さな家
サウスダコタ州
デスメット

オズの魔法使い
アメリカ合衆国、シカゴ
1893年万国博覧会

赤毛のアン
カナダ、プリンスエドワード島

スター・ウォーズ
チュニジア
タタウイヌ

アラジン
中国西域

トム・ソーヤの冒険
アメリカ合衆国
ミズーリ州
マーク・トウェイン洞穴

となりのトトロ
日本、埼玉県と東京都
狭山丘陵

カールじいさんの空飛ぶ家
ベネズエラ
エンジェルフォール

ジャングルブック
インド、マディヤ・プラデーシュ州
セオニ

モアナと伝説の海
フランス領ポリネシア
テティアロア島

ターザン
西アフリカ

ライオン・キング
ケニア
ヘルズゲート国立公園

ピクニックatハンギング・ロック
オーストラリア、ビクトリア州
ハンギング・ロック

アナスタシア
ロシア、サンクトペテルブルク
ロマノフ皇帝一家の実話をもとに、1997年のアニメ映画が作られた。

ナルニア国物語
イタリア、ナルニ
原作者のC・S・ルイスは、魔法の国ナルニアの名を、この古い丘の町からつけたのだろう。

ドラキュラ
ルーマニア、ブラン城
有名な吸血鬼ドラキュラの居城は、トランシルバニアにあるブラン城をモデルにしている。

アラジン
「アラビアン・ナイト」に収められている「アラジンと魔法のランプ」は、中国西域が舞台となっている。

眠れる森の美女
雪のように白い壁と周りの絶景。ドイツのノイシュバンシュタイン城は、ディズニー映画の名作アニメーションに出てくる宮殿にそっくりだ。

スター・ウォーズ
ルーク・スカイウォーカーの故郷、惑星タトゥィーンにうりふたつの場所が地球にある。チュニジアのタタウイヌの町だ。映画の多くのシーンが近くの丘や村で撮影された。

架空の島は、コスタリカ近くのココ島がモデルだと言われている。

もしすべての氷が解けたら

地球温暖化の影響で、陸地の氷がすべて解け、海に流れ込んだらどうなるのだろう？海面が66m上昇して、新しい海岸線と内陸の海が生まれる。そして、世界中の沿岸部や海抜の低い都市は、水没してしまうのだ。

カナダ
ハドソン湾が1.3倍広がり、周囲の低地が海にのまれる。

ヨーロッパ
スカンジナビアより南のヨーロッパの大半が波間に消える。

グリーンランド
グリーンランドを覆っていた氷床が解けて内海になる。

アメリカ合衆国
フロリダ州全土を含む東海岸が水没する。

アマゾン川
アマゾン盆地は大西洋の巨大な入り江になり、ブラジルの膨大な面積が浸水する。

中央アメリカ
海面の上昇により、パナマ地峡が水没して群島となる。

ウルグアイ
大西洋が上昇して、ラプラタ川河口の土手が決壊し、ウルグアイは島になる。

南極の氷床
現在、南極の氷床は1400万km²ある。アメリカ合衆国とメキシコを合わせた面積と同じくらい広大で、もしすべて解けることになったら海水面が60mも上昇することになる。

NASAの観測によると、南極と北極を覆う氷は

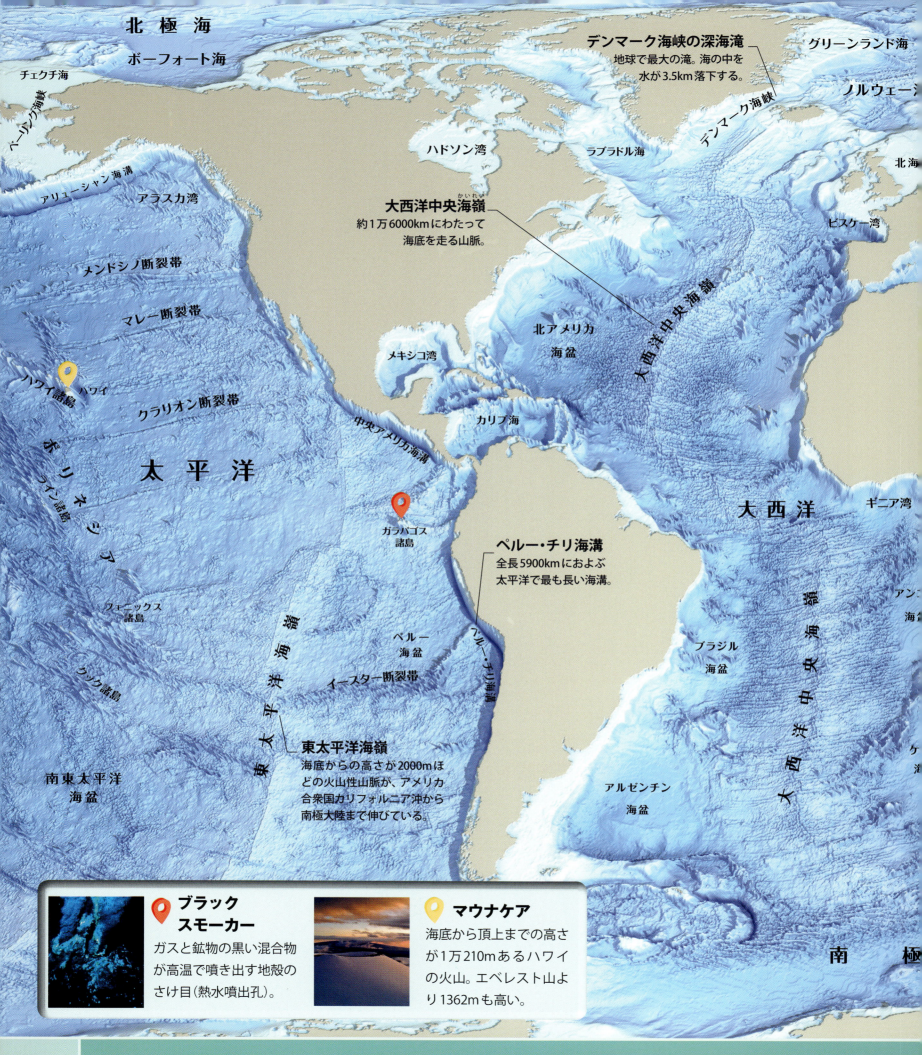

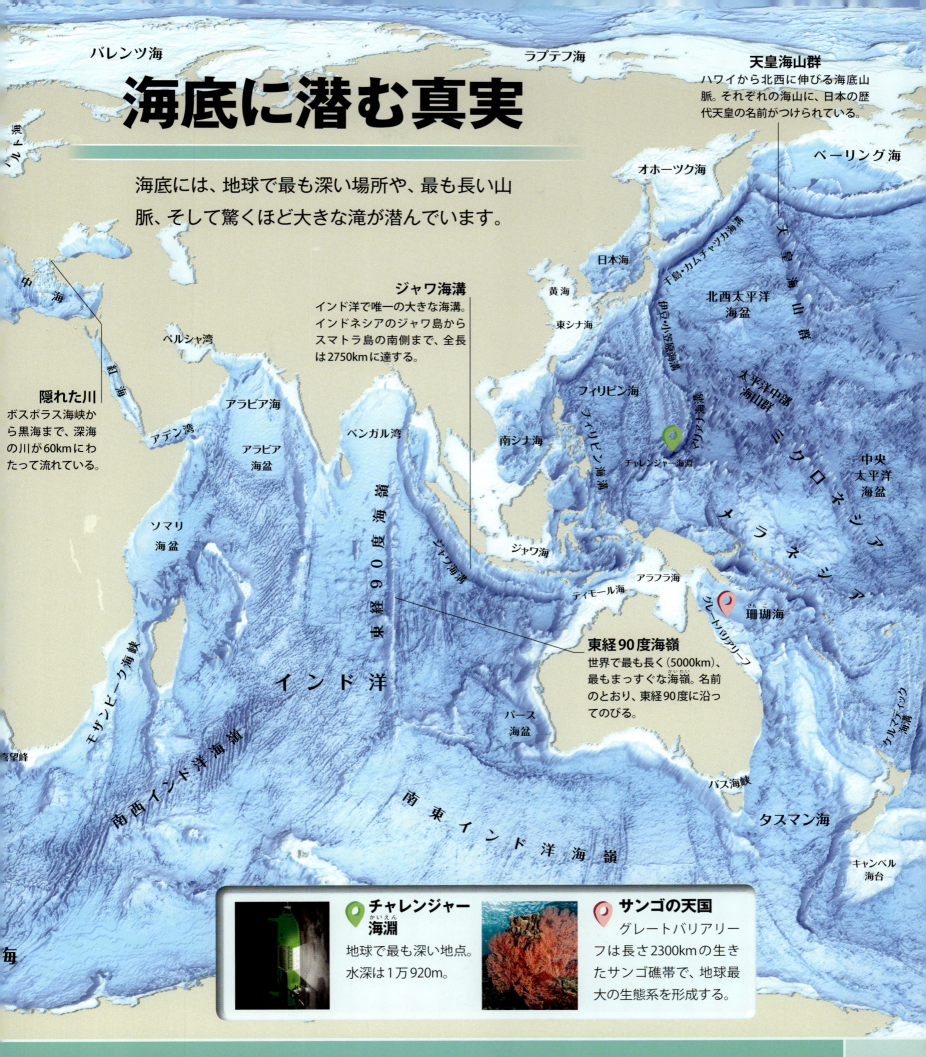

不思議な場所

地球を掘ったら…

ドリルで地面に穴を掘り、地球の中心を通って裏側に出られたとしても、そこに待っているのはたいてい海です。それは地球の表面の大半が海に覆われているからですが、裏表両方が都市という地域もいくつかあります。

対蹠地（たいせきち）
地球の真裏に位置する場所を「対蹠地」という。北アメリカ、オーストラリア、アフリカの大部分は、対蹠地が海だ。スペインの反対側はニュージーランドで、南アメリカの一部は反対側にインドネシア、中国、ロシアがある。

陸地ではなく海の中
陸地の対蹠地が陸地である割合は15%ほどで、大半の陸地は対蹠地が海だ。

ディープ・ホールだが、それでも深さは12.3kmにしかならない。

88　　動植物の大半は、パンゲアの中でも気候が

不思議な場所

すべての国が1つの大陸だった

これは2億7000万年前の地球の想像図です。当時はすべての陸地が集まって、パンゲアという1つの超大陸を形成していました。そこに現在の国境線を記したのが左の地図です。現在の国々が当時どのあたりにあったかがわかるでしょう。その後1億8000万年という年月をかけて、超大陸はいくつもの大陸に分裂し、地球上を動いていったのです。

古代の超大陸
北極から南極まで続く広大な超大陸パンゲアは、1億6000万年ほど続いた。

中国
いまの中国東部にあたる地域はカタイシアという別の大陸だったが、数百万年後にパンゲアに衝突する。

インド
当時のインドは南半球にあり、隣には南極大陸があった。東側が海に面していたので、暖かくて雨がよく降る良好な気候だった可能性が高い。

オーストラリア
パンゲア大陸にくっついていたので、北半球まで歩いて行くことができた。

パンゲア理論
超大陸の考えは、1912年にドイツの科学者アルフレッド・ウェゲナーによって初めて提唱された。ウェゲナーは、現在の大陸の端がジグソーパズルのピースのようにピタリとかみ合うことに気づき、1つだった大陸が何億年もかけて分裂して離れていったのだと主張した。

穏やかで雨も降る沿岸部に生息していた。

海水面の上昇
地球の温暖化が進み、万年雪がゆっくりと解けていき、海面が最高レベルに達して、世界中の低地が水没する。

北アメリカ

大西洋
これから1億5000万年かけて、プレートの1つが大西洋の西側にある別のプレートの下に引き込まれ、大西洋は小さくなる。

北アメリカ
南カリフォルニアとバハカリフォルニアだった地域が離れて、北アメリカの西部山脈を形成する。

アマゾン海
熱帯雨林がおい茂るアマゾン盆地は、大半が海の中へ沈んでいる。

成長する島々
フォークランド諸島とサウスジョージア・サウスサンドウィッチ諸島は、大西洋に横たわる大きな列島に成長する。

南アメリカ

未来の地球

地球上のすべての大陸は、1年に1cmから10cmのスピードでマグマ(溶岩)の海を動くプレートにのっています。ここに示した地図は、プレートがどう動いているかを手がかりにして、専門家が予想した1億年後の地球の姿です。

南極大陸
南極点を離れて北上し、最終的にはアジアとぶつかってインド洋は消滅する。

1億年後には地球の自転がやや遅くなり、

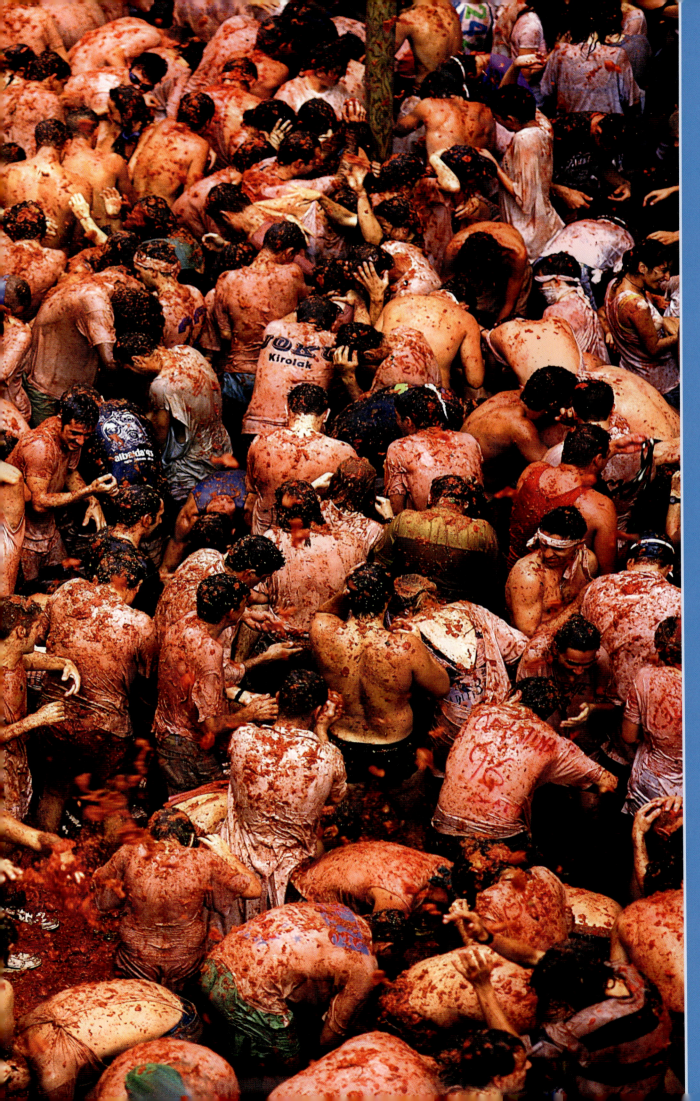

不思議な世界

トマト祭り
1940年代に始まったスペインのトマト祭り（ラ・トマティーナ）は、食べ物を投げ合う世界最大のイベントだ。8月最後の水曜日におよそ2万人が集まり、何台ものトラックに満載したトマトを1時間にわたってぶつけ合う。

子どもの多い国少ない国

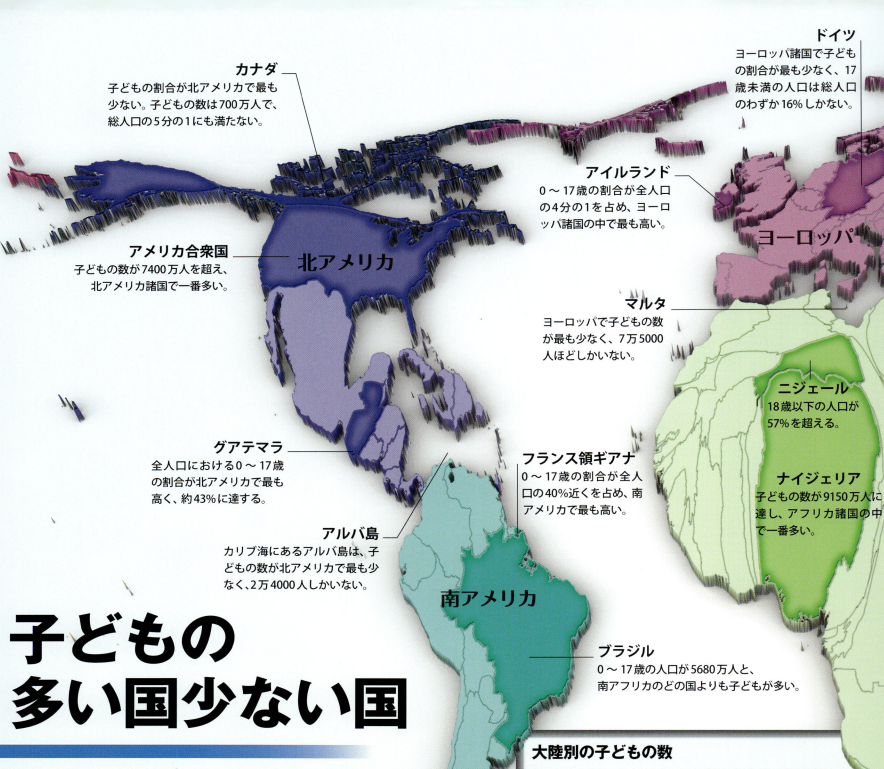

カナダ
子どもの割合が北アメリカで最も少ない。子どもの数は700万人で、総人口の5分の1にも満たない。

ドイツ
ヨーロッパ諸国で子どもの割合が最も少なく、17歳未満の人口は総人口のわずか16%しかない。

アメリカ合衆国
子どもの数が7400万人を超え、北アメリカ諸国で一番多い。

アイルランド
0〜17歳の割合が全人口の4分の1を占め、ヨーロッパ諸国の中で最も高い。

マルタ
ヨーロッパで子どもの数が最も少なく、7万5000人ほどしかいない。

ニジェール
18歳以下の人口が57%を超える。

グアテマラ
全人口における0〜17歳の割合が北アメリカで最も高く、約43%に達する。

フランス領ギアナ
0〜17歳の割合が全人口の40%近くを占め、南アメリカで最も高い。

ナイジェリア
子どもの数が9150万人に達し、アフリカ諸国の中で一番多い。

アルバ島
カリブ海にあるアルバ島は、子どもの数が北アメリカで最も少なく、2万4000人しかいない。

ブラジル
0〜17歳の人口が5680万人と、南アフリカのどの国よりも子どもが多い。

世界には約23億人の子どもがいます。この地図では、子どもの人口に合わせて国の大きさを変えてあります。子どもの数が多い国ほど、サイズも大きくなっているわけです。一般的に総人口が多い国は子どもの数も多く、総人口の少ない国は子どもの数も少なくなります。

大陸別の子どもの数

世界の人口における0〜17歳の割合は3分の1弱。そのうちの半数以上がアジアに住んでいるが、総人口に対する子どもの割合が最も高いのはアフリカだ。

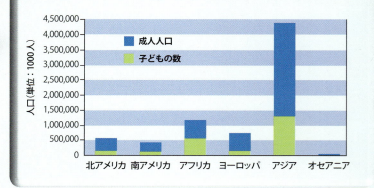

インドだけで世界の子ども人口の20%を占める。これは

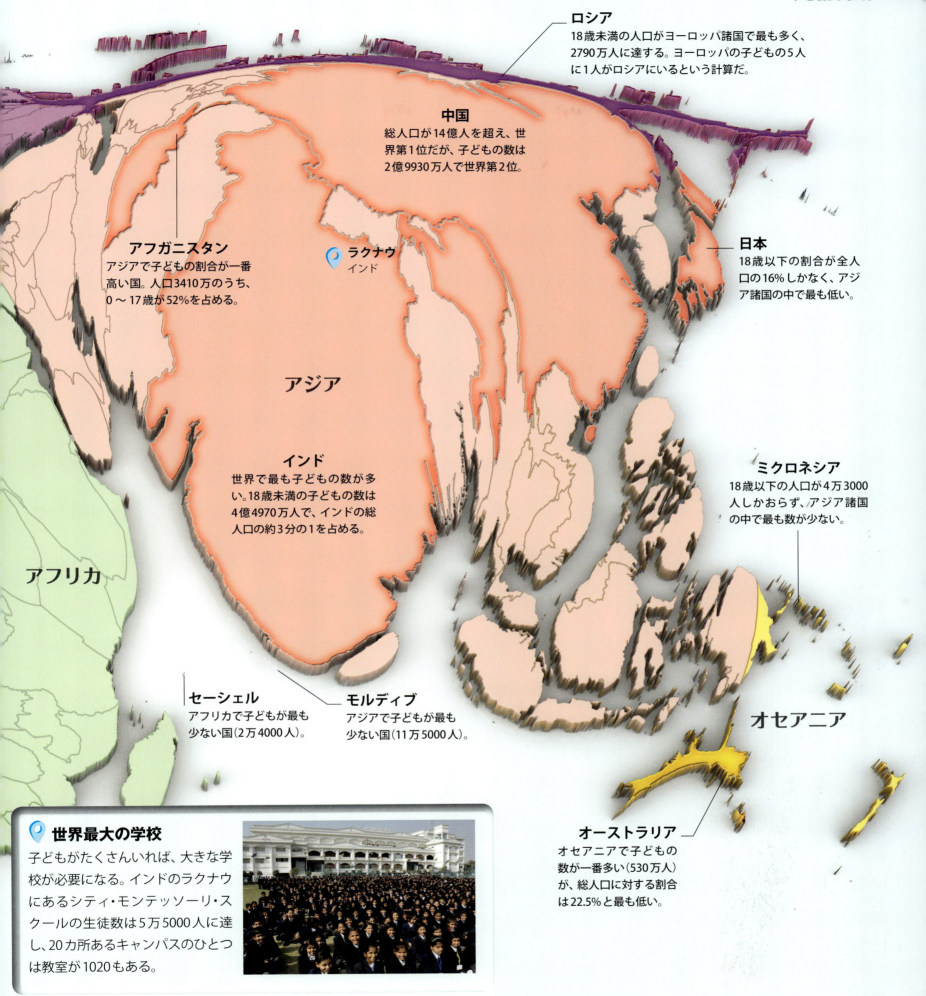

バウンティ号の反乱

史上最も有名な反乱のひとつが、1789年、イギリス海軍艦バウンティ号で起こった。反乱の首謀者である副官によって、艦長は船員ともども艦から追い出され、小さな救難ボートで漂流するはめになる。彼らは物資の欠乏に悩まされながらも、数カ月後に何とかティモール島にたどり着いた。

アダ・ブラックジャック
ウランゲリ島(1921-23年)
失敗に終わったカナダの遠征隊で、唯一生き残ったイヌイットの女性。極寒の北極の島で、2年間も1人で暮らした。

ゴンサロ・デ・ビーゴ
グアム(1522-26年)
スペイン人の船乗り。世界一周を目指す遠征隊から逃げ出して島民と暮らしていたが、別の船に発見された。

ヘス・ビダーナ、ルシオ・レンドン、サルバドール・オルドネス
メキシコからマーシャル諸島(2005-06年)
3人の漁師が燃料切れになった船で漂流を始め、9カ月後に太平洋を横断したところで救助された。

小栗重吉
日本からアメリカ合衆国(1813-15年)
乗っていた船が難破して、カリフォルニアまで流される。結果、重吉は最も早くアメリカに足を踏み入れた日本人のひとりとなった。

ローランド・オモンゴス
フィリピンのジェネラルサントスからニューブリテン島(2017年)
21歳の男性が56日間漂流し、その間、生魚、雨水、コケで命をつないだ。

ホセ・サルバドール・アルバレンガ
メキシコからマーシャル諸島(2012-14年)
エルサルバドル出身のアルバレンガは、438日間カメの血や自分の尿を飲んで命をつなぎ、太平洋上を1万800kmにわたって漂流した。

ウエイン・ブラニブウエ、テマエイ・トンターケ
キリバスからマーシャル諸島(2011年)
GPSの電池が切れて西へ流された2人の男性が、マーシャル諸島にたどり着いた。うち1人は、そこで長く行方不明だった叔父を見つけた。

バウンティ号
トフア島からティモール島(1789年)

ローズ・ノエル号の乗員
ニュージーランドの南島からグレートバリア島(1989年)
ヨットが大波を受けて転覆、乗っていた4人の男性は逆さまになったヨットに閉じ込められ、そのまま119日間の漂流の果てに救助された。

アブラハム・リーマン・ファン・サンウィツ
オーストラリアからジャワ(1658年)
嵐の中で自分の船を見失った船長は、穴の開いた手こぎボートで船員とともに漂流し、21日かけてジャワに戻った。

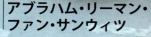

ロバート・ボグキ
オーストラリア、グレートサンディ砂漠(1999年)
精神的な探求をしていたアメリカ人男性が、43日間砂漠をさまよった。

トーマス・マスグレイブ
オークランド島からスチュアート島(1864年)
悪天候で難破したが、船長は船員とともに亜南極の島で18カ月にわたって生き延び、小舟をこしらえて脱出した。

健康な大人なら、海に投げ出されても

台所をチェック！

戸棚や冷蔵庫に入っている日々の食べ物のなかには、大量に食べると体に有害なものが驚くほどたくさんある。

ルバーブの葉（ただし茎はのぞく）には、腎臓障害を起こすシュウ酸塩という毒が含まれている。

ナツメグは大量に食べると有毒で、幻覚などの中毒症状が現れる。

アーモンドは甘いものも苦いものも、有毒なシアン化物を含んでいる。ただ、店で売っているものは安全だ。

ハチミツには、命に関わるボツリヌス中毒（重度の中毒）を起こしかねない毒素が、微量ながら含まれている。

マグロには、健康に深刻な影響を及ぼす有毒な水銀が、大量に含まれていることがある。

ジャガイモはいたって無害と思われているが、緑になった部分や芽には毒がある。

危険なグルメ

ここに挙げた食べ物には要注意！ 一口食べただけで命に関わるものもあります。有毒なものもあれば、見た目や臭いがひどいものもあります。食べるときは、正しい処理の仕方を知っている人に調理してもらわないといけません。それでも命を落とす危険性はゼロではありません。

ハカール
アイスランド
サメの肉を発酵させた有名なアイスランド料理。サメ肉は老廃物の尿など有毒化学物質を大量に含んでいることが多く、そのまま食べると危険だ。

カースマルツゥ
イタリア
サルデーニャ名物のヒツジのチーズ。熟成させるときに、生きたハエの幼虫（うじ虫）をチーズの中で成長させる。生きたうじ虫を一緒に食べてしまうと、胃がやられると言われている。

アキーの実
ジャマイカ
実が熟し、さやが赤くなって開くまでは毒がある。熟していないものを食べると、嘔吐や昏睡状態を引き起こし、最悪の場合は命を落とすことさえある。

サソリの針には毒があるが、調理すれば安心して食べられる。

どんな食べ物や飲み物も、とりすぎると体に毒である。

知らなかった食べ物の話

食べることはみんなが好きです。でも、食べ物の裏に「意外な事実」が隠されていることは、あまり知らないでしょう。ここでは、世界中の食べ物にまつわるとっておきの話を紹介しましょう。

沼のバター
アイルランド
有史以前の人々は、バターを沼に沈めて保存していた。2011年にアイルランドで、2000年以上前に作られた重さ10kgのバターのかたまりが発掘された。

アイスキャンディーは偶然の産物
アメリカ合衆国、カリフォルニア州
子どもが大好きなアイスキャンディーは、たまたまできたものだった。1905年、11歳の少年がジュースに棒をさしたまま寒い外に出しておいたら、凍ってアイスキャンディーになったというわけ。

メープルシロップ泥棒
カナダ、ケベック州
メープルシロップは1樽で1300ドル（約15万円）ほどの価値がある。2012年、ギャングが倉庫の樽から1800万ドル相当を盗み、代わりに水を入れてごまかした。

チョコレートがお金
中央アメリカ
マヤ文明やアステカ文明では、何世紀もの間、カカオ豆が通貨として使用され、様々な物品と交換された。

コカ・コーラのキャラクター
アメリカ合衆国、ジョージア州アトランタ
クリスマス時期に目にする陽気なサンタクロースのイメージは、実は1930年代にコカ・コーラ社の広告に使われて広まったものだ。

ジャガイモ時間
南アメリカ西部
インカ人はジャガイモをゆでるのに必要な時間を、時間の単位として使った。

ミラクルフルーツ
西アフリカ
ミラクルフルーツを食べたあとは、どんな食べ物でも甘く感じる。この果物自体の糖分含有量は少ないのに、すっぱい食べ物がとても甘くなるのだ。

古代ローマ人は血のソーセージ、魚の内臓、フラミンゴの舌など、なかなかのゲテモノ食いだった。

1807年、フランスの料理評論家が、17羽の鳥を入れ子のように

不思議な世界

やわらかいタタール風のステーキ
東ヨーロッパ

生肉を細かく刻んだ「タルタルステーキ」を食べる風習は、タタール人戦士がウマの鞍の下に肉を入れ、ウマの汗でやわらかくしたことに由来するとされている。でも本当は、ウマの背が鞍で擦れるのを防ぐためだったのかもしれない。

機内食

機内食は味気なく感じると言われるが、実は食べ物の味は飛行中に本当に変わるのだ。飛行中の機内は地上より気圧が低く、舌の甘味と塩味を感じる能力が30%ほど鈍くなる。そこで航空会社は、機内食の味を濃くして調整している。

天然のヨーグルトメーカー
中央アジア

紀元前6000年頃、ウシやヒツジなどを放牧する人たちが、動物の胃で作った水筒に乳を入れたら、偶然ヨーグルトができ上がった。

スパイス 熱帯諸国

熱帯の国々がスパイスをたくさん使うのは、風味のためだけでなく、暑い中で食べ物が傷まないようにするためでもある。

海苔の秘密
日本

今や海苔巻きは世界で食されているが、その陰にはイギリス人女性キャスリーン・ドリュー＝ベーカー博士の功績もある。海苔を安定して養殖する方法を見つけたベーカー博士は、熊本県宇土市では「海苔養殖の母」と称えられている。

お茶の神話
中国

お茶の起源にまつわる伝説はいくつもある。瞑想中に眠ってしまった達磨大師が、自らを戒めるためにまぶたを切り落とし、そこからお茶の木が生えた、という伝説もある。

神聖な玉ねぎ
古代エジプト

玉ねぎは古代エジプト人にとって信仰の対象で、ファラオと一緒に埋葬された。

スイカ アフリカ

スイカが赤くなったのは、長年の品種改良の成果だ。緑色で苦かったものが、選りすぐって育てることで、赤くて甘い果実になった。

ゾウのフンのコーヒー
タイ

コーヒー豆を食べたゾウのフンの中から採取したコーヒー豆は、世界で最も高価で、味も最高とされている。

光るポークチョップ
オーストラリア

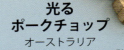

2005年、冷蔵庫に入れておいた豚肉が、驚くことに発光していた。これは微生物の作用によるものだと、のちに判明した。

塩の力

古代から中世にかけて、塩は黄金と同じくらい高価だった。現在でも、味つけはもちろんのこと、魚の塩漬け干物など、食品を保存するための添加物としても欠かせない存在だ。

順に腹に詰める「至高のロースト」という料理を考案した。

不思議な世界

動物の仕事

動物に関わる職業はたくさんある。珍しいところでは、ドッグフードの味見や、映画撮影のための動物の調教など。どの職業も動物や私たちのためになるものだが、なかには危険を伴う仕事もある。

大型ネコ科動物の歯科医は、歯を検査するためにライオンやトラの口に手を突っ込まなければならない。

ヘビから毒液を絞り出すのは命がけの仕事だ。ヘビにかまれたときの解毒剤は、ヘビの毒液から作られる。

プロの眠り師
フィンランド、ヘルシンキ
2013年、ホテルに35室ある客室の眠り心地をひとつ残らずテストする仕事が、広告に出た。

LEGO® マスタービルダー
デンマーク、ビルン
LEGO®ブロックで素晴らしい作品を作ると、ひとにぎりの人間にしか認められていない「マスタービルダー」の称号が与えられる。

ダチョウの世話係
南アフリカ
ダチョウのケンカをやめさせるのが大きな役目。

耳そうじ師
インド
脱脂綿とスチール針を手に、路上や公園で客を探して営業している。でも客は減ってきている。

変なホテル
日本、長崎県佐世保市

ヒヨコの鑑別士
日本
ニワトリのヒナのオスとメスを区別するのは簡単ではない。日本には、この技術を習得するための専門学校がある。

プロの嘆き屋
中国
故人がたくさんの人に愛されたことを示すために、葬式で大げさに悲しんでみせる。

プロのヒッチハイカー
インドネシア、ジャカルタ
交通渋滞がひどいジャカルタでは、通勤時間帯には3人以上乗った車両しか主要道路を通行できないため、行きずりの車に同乗して小銭を稼ぐ人々がいた。(現在この制度は廃止されている)

島の管理人
オーストラリア、ハミルトン島
オーストラリア政府が「世界で最高の仕事」として募集する「島の管理人」の仕事は、島を観光して宣伝することだ。

ユニークな仕事

9時から5時までの単調な仕事に向いていない人は、世界のユニークな仕事に目を向けましょう。思いやりが大事な仕事だったり、クリエイティブな仕事だったり、意外と世のためになる仕事だったり、思いがけない天職が見つかるかもしれません。

化粧品の香りや、デオドラントの有効性をテストしている。

カエル祭り

アメリカ合衆国ルイジアナ州で毎年3日間開催される。祭りの目玉はカエルのジャンプとレース、そしてカエル祭り女王（人間）の戴冠式だ。

ウップヘリーアー
イギリス、シェットランド諸島

チーズ転がし祭り
イギリス、グロスターシャー州

コラチョ
スペイン
カストリージョデムルシア

UFO祭り
アメリカ合衆国
ニューメキシコ州

カエル祭り
アメリカ合衆国、ルイジアナ州

ラディッシュの夜
メキシコ、オアハカ州

糸玉の日
アメリカ合衆国ミネソタ州
かつて「世界最大の糸玉」とギネスに認定された、麻ひもの糸玉をたたえる日。

イブレーアのカーニバル
イタリア、トリノ
参加者が互いにオレンジをぶつけ合う、果物の祭り。

水中音楽フェスティバル
アメリカ合衆国、フロリダ州
ダイバーが音楽を聞きながら、楽器を弾くまねをする。

ボラス・デ・フエゴ
エルサルバドルネハパ
「火の玉」という意味の祭りで、チームに分かれて火の玉を投げ合う。

アルグングの魚釣り祭り
ナイジェリア、アルグング
1時間以内にどれだけ大きな魚を釣り上げられるかを数千人で競う。

木こり祭り
南アフリカ、ケープタウン
おの投げや丸太投げなどの「木こりゲーム」が催される。

UFO祭り

アメリカで最も有名な宇宙人との遭遇場所であるロズウェルに捕らわれている宇宙人を祝う。UFOが1947年にロズウェルに墜落したと、多くの人がまだ信じている。

ラディッシュの夜

メキシコではラディッシュを宣伝するため、ラディッシュに彫刻をする歴史的行事を祭りにしている。

アイステズボド
（吟唱詩人大会）
アルゼンチン
チュブト渓谷
イギリスのウェールズから南アメリカに伝えられた芸術祭。

コラチョ

ベビージャンプとも呼ばれるスペインの祭り。悪魔の服装をした男たち（コラチョ）が、赤ん坊の上を跳び越えて厄払いをする。

スペインには、参加者が互いにトマト、ブドウ、

不思議な世界

ウップヘリーアー
バイキングをテーマにした火の祭りは、バイキング船のレプリカを燃やしてクライマックスを迎える。この伝統は、バイキングによるシェットランド諸島侵略1000年を記念して始まった。

ブショーヤーラーシュ
ハンガリー、モハーチ
人々が恐ろしい仮面をかぶって冬の終わりを祝う。

ポリョン・マッドフェスティバル
韓国、テチョン海水浴場

サルのビュッフェ祭り
タイ、ロップリー県

泣き相撲
日本、東京都
力士が優しく赤ん坊を泣かせて邪をはらう「赤ん坊の大泣き大会」。

ゴールデン・ゴムブーツ・フェスティバル
オーストラリア クィーンズランド州タリー
「ゴムブーツ・ゲーム」をしながら、熱帯の雨がちな町の気候を祝う。

チーズ転がし祭り
大勢の参加者が1つの丸いチーズを追いかけて183mの急坂を走って下る、イギリスの有名なレース。ケガ人が続出するが、優勝すればそのチーズがもらえる。

マッドフェスティバル（泥祭り）
何百万もの人々が訪れる韓国の有名な祭り。泥風呂、泥滑り、泥障物競争など、全身で泥を体験する。ミネラル豊富な泥から作った化粧品の宣伝も兼ねている。

サルのビュッフェ祭り
たくさんの果実、ケーキ、スイーツをきれいに並べ、町にすむ2000匹のサルをもてなす。

珍しい伝統行事

世界には不思議な伝統行事や祭りがあります。巨大な糸玉を祝ったり、チーズを追いかけて坂を転がったりする祭りもあれば、赤ちゃんを跳び越えたり、泣かせたりする珍しい伝統行事もあります。

卵と小麦粉、メレンゲを投げ合う祭りがある。

西海岸パンプキンレガッタ
アメリカ合衆国、オレゴン州
仮装して巨大なカボチャのボートに乗って湖上を走る風変わりなレース。

ピローファイト・リーグ
カナダ、トロント
女性がまくら投げで戦う、冗談半分のセミプロリーグ。

スポーツホッカー
ドイツ
スケートボードと「座り方」をミックスしたような謎のスポーツ。専用のスツールを使って、アクロバティックな座り方を競う。

怪獣ビッグバトル
アメリカ合衆国、ボストン
レスラーが怪獣に扮装して、怪獣どうしの激しい戦いを繰り広げる。

足指相撲選手権
イギリス、アッシュボーン
腕相撲と同じことを足の指で行う。選手は毎年イギリスの町アッシュボーンに集まって世界一を決める。

チェスボクシング
オランダ
チェスとボクシングを交互に行う意味不明のスポーツ。

手押し車レース
ケニア
ヘルズゲート国立公園で行われる様々な距離の手押し車レース。公園を守る資金の調達が目的だ。

フットバレー
ブラジル
フットボールとビーチバレーをかけ合わせたスポーツ。どこでもできるが、砂地がベストだ。

360ボール
南アフリカ
円形コートでラケットを使ってプレーする球技。プレーヤーが2組に分かれて、中心にある円へボールを打ち込む。

珍妙(ちんみょう)なスポーツ

楽しさとスリルがあるものの、見るからに危なっかしく、ときに意味不明なスポーツ。カボチャのボートレースからフン投げ合戦まで、「どうして思いついたのだろう?」とびっくりするようなスポーツを紹介します。

クィディッチ
ハリー・ポッターで人気のスポーツが「非魔法族(まほう)」の世界に降りてきた。選手は2つのチームに分かれて、ほうきにまたがり(足は地面につけたまま)ゴールにシュートし、靴下(くつした)にスニッチを入れたランナーを追いかける。

毎年4月1日、世界中の都市で何千人もが

不思議な世界

奥様運び
フィンランド
奥様運び世界選手権大会は、1995年から毎年フィンランドで開催されている。

エクストリーム・アイロンがけ
あり得ない危険な場所で服にアイロンをかける命がけのスポーツ。山頂でスキーをしながら、あるいは高速で走るボードに乗ったままアイロンをかけるのだ

ユビラクピ
インド、マニプル州
ユビラクピは「ココナッツをひったくる」という意味。ラグビーとサッカーの中間のようなスポーツで、7人対7人でプレーする。

パンジェット・ピナン
インドネシア
インドネシアの伝統スポーツ。オイルを塗ったつるつるの棒をチームでよじ登り、てっぺんの車輪にくくりつけられた賞品を競う。

棒倒し 日本
攻める側のチームが3〜5mの棒を倒そうとし、守る側のチームはそれを防ごうとする荒っぽいスポーツ。

ロボット騎手
中東
ラクダレースでは、軽量なロボット騎手が人間の騎手の座を奪いつつある。

ムーンロック投げ選手権大会
オーストラリア、クイーンズランド州
オーストラリアの奥地で毎年開催される。参加者はムーンロックという特別な石（月の石ではない）をどれだけ遠くまで投げられるかを競う。

ヘンリー・オン・トッド・レガッタ
オーストラリア、北部準州 アリススプリングス
アリススプリングスにある干上がったトッド川の川底で、毎年"ボート"レースが開催される。

ルーラルゲーム（田舎のゲーム）
ニュージーランド、パーマストンノース
毎年行われる行事で、樽転がしレース、牛フン投げ、羊毛刈りといった競技が開催される。

ダイバーのチームは水中のエクストリーム・アイロンがけに挑戦した。

国際ピローファイト・デーに参加する。

107

チェーン・オブ・クレーターズ・ロード
アメリカ合衆国、ハワイ州
ハワイ島の溶岩原と火山のクレーターを通る道。

カプリーン火山道路
アメリカ合衆国、ニューメキシコ州
死火山をらせん状に回る3.2kmの道路。

トロルスティーゲン山道
ノルウェー、ラウマ
全長55kmの道路にヘアピンカーブが11カ所もある。

ホワイト・リム・ロード
アメリカ合衆国ユタ州

リンディスファーンの土手道
イギリス、リンディスファーン島
1日に2回、満潮時に消える古代の道路。

パサージュ・デュ・ゴア
フランス、バンデ県
干潮時にしか通れない海の道。

ウィンストン・チャーチル・アベニュー
ジブラルタル

D209 ハイウェイ
サンバルテルミー島
車のわずか数m上を飛行機がかすめ飛ぶ道路。

ステルビオ峠
イタリア
南チロル～ソンドリオ間
ヨーロッパで最も高い峠のひとつ。カーブが40以上もあり、ぞっとする道だ。

北ユンガスの道
ボリビア、ラパス

ハイウェイ SC-390
ブラジル
ブラジル南部のセーラ・ド・リオ・ラストロ山脈に走る、狭くてジグザグに曲がる道路。

セラ・ダ・レバ峠
アンゴラ、ナミベ

サニ峠
南アフリカ クワズール・ナタール州
クワズール・ナタール州と隣国レソトを結ぶ峠道。標高は2873mに達する。

ホワイト・リム・ロード
アメリカ合衆国ユタ州にある全長161kmの未舗装道路。切り立った崖と美しい景色で有名だ。

北ユンガスの道
ボリビアにある全長69kmのこの道は、「世界で最も危険な道路」に選ばれた。

ウィンストン・チャーチル・アベニュー
スペイン国境に接するイギリス領ジブラルタルの幹線道路が、空港の滑走路の真ん中を横切る。

全長4万7958kmのパンアメリカン・ハイウェイは世界で最も長い道路だ。

地図の見方
地図上の標識は、道路が危険な理由を示している。

 ヘアピンカーブが多い
 飛行機の影響を受ける
 満潮時に冠水する
 直線道路
 急な崖がある
 火山に近い
 急勾配

108　世界最悪の交通渋滞は2010年に中国の北京近郊で発生した。

恐怖の道路

世界には恐ろしく危険な道がたくさんあります。ガードレールのない急坂や急カーブ、満潮になると沈む道、火山にすごく近い道、飛行機が迫ってくる道。快適な車の旅をしたいなら、こんな道路は避けましょう。

バブサル峠
パキスタン、カガン渓谷
カガン渓谷とカラコルム・ハイウェイを結ぶヒマラヤの山道で、標高は4175mに達する。

フェアリー・メドウ街道
パキスタン、ギルギット・バルティスタン州
全長16.2kmの砂利道で、幅が自動車1台分しかなく、ガードレールもない。

旧クヌイ街道
中国、雲南省
わずか2.1kmの間に、ヘアピンカーブが21カ所もある。

3段ジグザグ道路
インド、シッキム州
100以上のヘアピンカーブがあるヒマラヤの山道。

バイブルト D915号線
トルコ、ソガンリ山
恐ろしい崖が続くのにガードレールもなく、背筋が凍るような道路。

N6
イエメン、ラウダル
イエメン中部にある全長52.1kmのアスファルト道路。34カ所のヘアピンカーブがある。

郭亮トンネル
中国、河南省

24ヘアピン道路
中国、貴州省、晴隆県
第二次世界大戦直前に作られた道路。ヘアピンカーブが24カ所ある。

エア・ハイウェイ
オーストラリア
直線区間が145.6kmもある、オーストラリアで最も長い高速道路。運転手の眠気を誘うのに十分な距離だ。

スキッパーズ・キャニオン・ロード
ニュージーランド、南島

ボールドウィン・ストリート
ニュージーランド ダニーデン
勾配が19度の世界一急な住宅地道路。

セラ・ダ・レバ峠
アンゴラにある急な山道。わずか10kmの間に標高が1845mも下がる。

郭亮（かくりょう）トンネル
山の中腹を削り、山をくり抜いて作られた、とんでもない中国の道路。

スキッパーズ・キャニオン・ロード
ニュージーランドの断崖の側面を削って作った26.6kmの道路。

渋滞区間は100kmに広がり、ほぼ11日間解消されなかった。

世界の法律事情

どこの国にも法律や規則がありますが、なかには不可解なものもあります。こうした法律の多くは現在も有効ですが、最近になって廃止されたものもあります。

トイレは10時まで
スイス
一部の住宅地では、午後10時以降に水洗トイレを流してはいけない。近所迷惑を避けるためだ。

無断ピエロ禁止
アメリカ合衆国、オレゴン州フッドリバー
この町では無許可のジャグリングが禁止されている。

入浴の流儀
カナダ、エトビコ
トロント郊外のこの町では、バスタブに9cm以上お湯を張ってはいけない。

足下の安全
スペイン
ゴムぞうりやサンダルをはいて車を運転すると交通違反になる。

発射禁止
アメリカ合衆国、フロリダ州
木曜日午後6時以降に公共の場所でおならをしてはいけない。

ペダルを踏んで！
メキシコ
ペダルから足を外して自転車に乗るのは違法だ。

自転車発電
ブラジル
ある刑務所では、囚人が特殊な自転車を漕いで、町に明かりを灯す電力を供給すると、服役期間を短縮できる。

踊り続けよ
アルゼンチン
公式タンゴクラブには、タンゴの演奏時間が他の音楽の合計時間より長くなければならない、というルールがある。

自然はみんなのもの
スウェーデンでは、国民の自然享受権が憲法で保障されていて、誰でも国内のあらゆる自然を楽しむ権利を与えられている。保護地域以外の場所であれば、どこでキャンプをしようが、どこの池で泳ごうが、どこの公園を歩こうが自由だ。

何百年か前のトルコでは、夫から十分なコーヒーを

マニアックすぎる博物館

名所めぐりにくたびれて、ビーチも飽きてしまった。そんなあなた、奇妙でユニークなコレクションを展示する博物館を訪ねてみませんか。有刺鉄線やトイレのコレクション、自動車泥棒に人面石——世界にはおかしなおかしな博物館がいっぱいあるのです。

国立マスタード博物館
アメリカ合衆国、ウィスコンシン州
6000種類のマスタードと、70の国々から集めたマスタード・グッズが所蔵されている。

ブタ博物館
ドイツ、シュツットガルト
昔の解体場に作られた博物館。ブタ関連のコレクションを展示する部屋が25室ある。

カンザス有刺鉄線博物館
アメリカ合衆国、カンザス州
「悪魔のロープ」とも呼ばれる有刺鉄線。その素晴らしさを紹介する博物館。

イヌの首輪博物館
イギリス、ケント州
15〜20世紀に作られた豪華なペット用アクセサリーが集められている。

バンパイア博物館
フランス、パリ
石弓、仮面、ミイラにされたネコ——吸血鬼にまつわる品々が展示されている。

国際バナナ博物館
アメリカ合衆国カリフォルニア州
おもちゃや靴下、石けんや香水など、2万種類におよぶ「バナナ形アイテム」がそろっている。

カナダ・ポテト博物館
カナダ、プリンスエドワード島
ジャガイモをテーマにした農業博物館。展示の目玉は、農業用の機械と世界最大のジャガイモのオブジェだ。

化石博物館
コロンビア、ビジャデレイバ
この場所で1億1500万年前のクロノサウルス（体長7m）の化石が発見された。

世界には5万5000もの博物館がある。

奇抜な外観
展示物が奇妙なだけではなく、建物が奇抜なデザインの博物館もある。

クンストハウス
オーストリアのグラーツにあるモダンアートギャラリー。巨大なナマコのような現代建築だ。

2017年、ドイツの首都ベルリンにあるボーデ博物館から、

不思議な世界

ユーリー・デトチキン自動車泥棒博物館
ロシア、モスクワ
1960年代にかつてのソビエト連邦のコメディ映画に登場した自動車泥棒の名前から命名された。ロシアの名物とも言える自動車泥棒の歴史を展示している。

スラブ国際トイレ博物館
インド、ニューデリー
4500年におよぶトイレの進化の物語がわかる。

アバノス髪の毛博物館
トルコ、アバノス
陶芸工房にある洞穴の壁に、1万6000人以上の女性の髪が飾られている。

中国西瓜博物館
中国 北京
世界最大規模のスイカ生産地の近くにあるスイカの博物館。

テディベア・ミュージアム
韓国、済州島
「芸術館」では、モナリザなどの有名絵画や世界の美術品をテディベアで再現したり、パロディ化している。

秩父珍石館
日本、埼玉県
1700個以上の珍しい石が展示され、有名人の顔に見える「人面石」がたくさんある。

キンバリー鉱山博物館
南アフリカ、キンバリー
19世紀のダイヤモンド鉱山の跡地にできた野外博物館。近くには人力で掘られた215mの穴、「ビッグホール」がある。

クチン・ネコ博物館
マレーシア、クチン市
クチンはマレー語で「ネコ」の意味。4000点のネコのフィギュアや美術品をコレクションした博物館だ。

模造品博物館
タイ、バンコク
法律事務所の中にある博物館に、4000点の"ニセモノ"商品が展示されている。模造品や偽物は必ずばれることを世間に教えるのが目的だ。

国立羊毛博物館
オーストラリア、ジーロング
かつて「世界の羊毛業の中心」と呼ばれた町にあり、オーストラリアの羊毛の歴史をつむいでいる。

ソックワールド
ニュージーランド、ホキティカ
アンティークの珍しい円形靴下編み機が集められている。

ワンダーワークス
アメリカ合衆国オーランドの科学テーマパーク。逆さまになった建物がひときわ目を引く。

オスカー・ニーマイヤー美術館
ブラジルのクリチバにある、巨大な目玉のような形をした建築物。

5億円以上の価値がある、重さ100kgの金貨が盗まれた。

113

エルフの学校
アイスランド、レイキャビク
アイスランドで伝承されている「隠れた人々」(エルフや妖精)のすべてを学ぶ。

グレー魔法学校
アメリカ合衆国 カリフォルニア州
魔法のつえや呪文の練習、錬金術や動物の調教を学ぶ。16の学部があり、どれも「魔法」に関係があるものだ。

スティーブ・ジョブズ・スクール
オランダ、アムステルダム
アップル社の創業者スティーブ・ジョブズのような、時代を切り開くリーダーを育てたいとの思いから名づけられた。ただし、ジョブズが設立した学校ではない。

ハンバーガー大学
アメリカ合衆国、イリノイ州
1961年にファストフードチェーン、マクドナルドが設立した。これまで8万人の生徒がレストラン経営の資格を得ている。

チャールズ・W・ハワード・サンタクロース学校
アメリカ合衆国、ミシガン州
世界最古のサンタ学校。1年間にわたって毎週末、サンタの衣装からトナカイの習性、喜ばれるおもちゃまで、あらゆることを学ぶ。

マココ水上学校
ナイジェリア、ラゴス
ラゴスのラグーン(潟湖)に浮かぶ学校。3年がかりで建設されたが、2016年の豪雨によって倒壊した。

リーベル・プレート学院
アルゼンチン、ブエノスアイレス
アルゼンチンの名門サッカークラブ、クルブ・アトレティコ・リーベル・プレートが運営するスポーツ重視の教育機関。小中高校から大学レベルまである。

尋常でない学校

ここで紹介する学校は、普通の学校とはどこか違います。特殊なカリキュラムを組んでいる学校もあれば、建物や立地がものすごい学校もあります。

古路村小学校 (グールーツン)
中国四川省雅安市漢源県にあるこの学校は、なんと崖の途中に建っている。生徒たちは、最も狭いところで幅が41cmしかない道を登校しなければならない。

中国、成都市の石室中学校が立つ場所には紀元前

不思議な世界

エガリア幼稚園
スウェーデン、ストックホルム
子どもの個性が性別に影響されないように、「彼」や「彼女」とは呼ばず、全員が「彼ら」と呼ばれる。

遊牧学校
ロシア、ヤクーチア（サハ共和国）
シベリア地方のヤクーチアには、シカを遊牧する民族の移動に合わせて動く学校が13校ある。180人ほどの子どもが学んでいる。

キエフ国立サーカス・芸術学院
ウクライナ、キエフ
ただの「ピエロ学校」ではない。1961年からはサーカスの技とともに音楽や演劇を教えている。

ヘビ使い学校
インド、グジャラート
ヘビ使いとしての長い伝統を持つバディ族の学校。子どもは2歳から、ヘビの操り方や世話の仕方を教え込まれる。

古路村小学校
中国、漢源県

モバイル・ラーニング
パキスタン
国連が携帯電話を使って少女たちの在宅教育を行っている。

グリーン・スクール
インドネシア、バリ島
環境を守る方法を教えている。

ネット授業の学校
オーストラリア　アリススプリングス
遠隔地に住む子ども向けにインターネット上で授業を行う。インターネットが普及する以前は無線を使っていた。

スイスにある
ル・ロゼ学院の
1年間の学費は
なんと1250万円。
世界で最も
学費が高い学校だ。

地図の見方
パネルの外枠の色で、正規の学校・大学か、非正規の講座かを区別している。
- 学校
- 大学
- 非正規の講座

141年から学校があり、世界最古の学校だ。

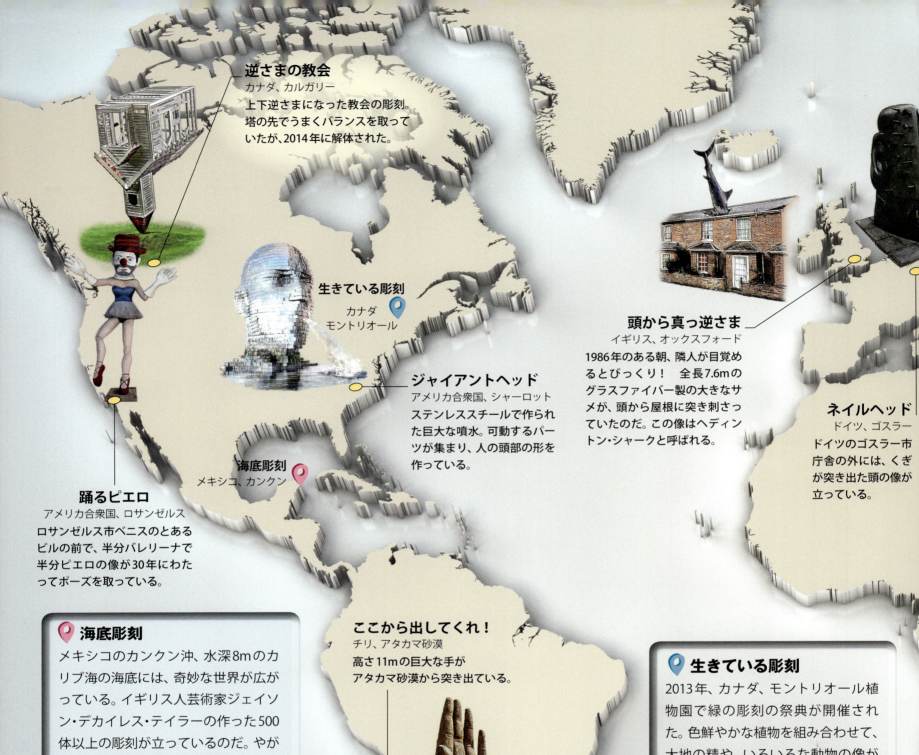

逆さまの教会
カナダ、カルガリー
上下逆さまになった教会の彫刻。塔の先でうまくバランスを取っていたが、2014年に解体された。

生きている彫刻
カナダ、モントリオール

ジャイアントヘッド
アメリカ合衆国、シャーロット
ステンレススチールで作られた巨大な噴水。可動するパーツが集まり、人の頭部の形を作っている。

海底彫刻
メキシコ、カンクン

頭から真っ逆さま
イギリス、オックスフォード
1986年のある朝、隣人が目覚めるとびっくり！　全長7.6mのグラスファイバー製の大きなサメが、頭から屋根に突き刺さっていたのだ。この像はヘディントン・シャークと呼ばれる。

ネイルヘッド
ドイツ、ゴスラー
ドイツのゴスラー市庁舎の外には、くぎが突き出た頭の像が立っている。

踊るピエロ
アメリカ合衆国、ロサンゼルス
ロサンゼルス市ベニスのとあるビルの前で、半分バレリーナで半分ピエロの像が30年にわたってポーズを取っている。

ここから出してくれ！
チリ、アタカマ砂漠
高さ11mの巨大な手がアタカマ砂漠から突き出ている。

海底彫刻
メキシコのカンクン沖、水深8mのカリブ海の海底には、奇妙な世界が広がっている。イギリス人芸術家ジェイソン・デカイレス・テイラーの作った500体以上の彫刻が立っているのだ。やがてそこにサンゴが育ち、新しいサンゴ礁ができるだろう。

生きている彫刻
2013年、カナダ、モントリオール植物園で緑の彫刻の祭典が開催された。色鮮やかな植物を組み合わせて、大地の精や、いろいろな動物の像が作られた。

トルコのカッパドキアには巨大な地上絵のような

ハイドローロフォン
カナダ
鍵盤から出る水を指でふさぐと音が出る。

アグリースティック
カナダ、ニューファンドランド島
一般的にモップ、ベル、ブリキ缶で作る楽器。柄を揺らすと、打楽器のような音がする。

氷の楽器
ノルウェー／スウェーデン
毎年、コンサートの直前に、チェンソーを使って氷から切り出される。

アルプホルン
スイス
スイスの伝統的な巨大管楽器。乳しぼりのために、ウシを牧草地から呼び寄せるのに使われた。

アダーボット
アメリカ合衆国
ビンとゴム手袋を組み合わせた楽器。ビンの口に息を吹きかけ、水が入ったゴム手袋の指をしぼって音を変える。

クリサリス
アメリカ合衆国
古代アステカ文明の有名なカレンダー「太陽の石」をイメージした円盤形の楽器。風のような響きの音がする。

マウスボウ（口弓）
アフリカ
弓の端をくわえ、手で弓をかき鳴らして共鳴を生み出す。

カホン
ペルー
木箱の1面に穴を開けただけの打楽器。

風変わりな楽器

古代から現代まで、世界中の音楽家によって、たくさんの変わった楽器が生み出されてきました。なかには、音楽に聞こえない不思議な音色の楽器もあります。その音を聞きたがっている人が、世界のどこかにいるのです。

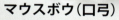
動物の音楽隊
タイ・エレファント・オーケストラでは、ゾウが鼻を使ってさまざまな打楽器を演奏する。すでに数枚のアルバムを発表している。

砂丘も歌を歌う。砂粒が砂丘をすべり落ちるとき、

100歳以上が
いる長寿国

世界には年齢が100歳を超える人が43万4000人いますが、世界総人口に対する割合はわずか0.006%です。この地図は、100歳以上の高齢者の数に合わせて、国の大きさを変えてあります。大きい国ほど、100歳以上の高齢者が多く暮らしているということです。

カナダ
100歳以上の割合が総人口の0.02%である7000人に達する。アメリカ合衆国とほぼ同じ割合だ。

アメリカ合衆国
100歳以上の人口が世界一多い(6万2000人)。

フランス
100歳以上の人口が2万人とヨーロッパで最も多く、総人口に対する割合も0.03%で最高である。

ブラジル
100歳以上の人口が1万人と南アメリカで群を抜いて多く、同大陸の100歳以上人口の3分の1を占める。

ウルグアイ
100歳以上の人口が1000人で、総人口の0.03%。この割合は南アメリカでは最も高い。

高所得国に住む人口は全体の16%にすぎないが、

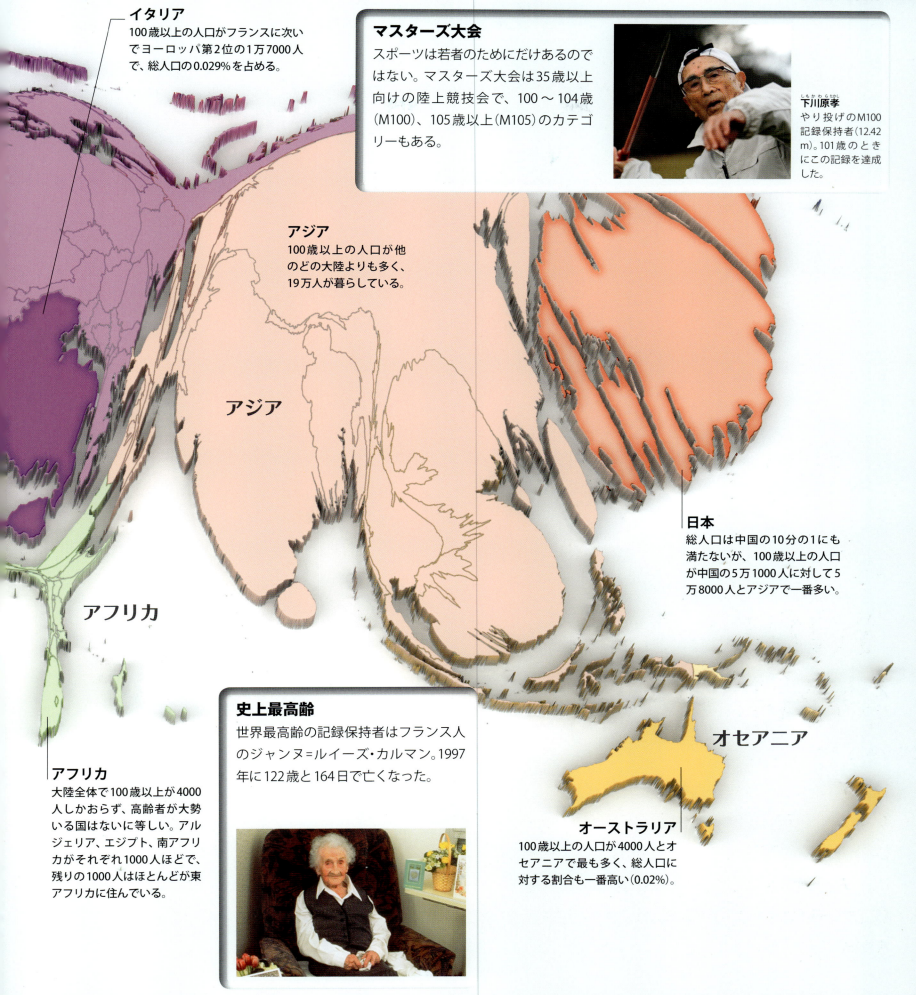

不思議な世界

イタリア
100歳以上の人口がフランスに次いでヨーロッパ第2位の1万7000人で、総人口の0.029％を占める。

マスターズ大会
スポーツは若者のためにだけあるのではない。マスターズ大会は35歳以上向けの陸上競技会で、100～104歳（M100）、105歳以上（M105）のカテゴリーもある。

下川原孝（しもかわらたかし）
やり投げのM100記録保持者（12.42m）。101歳のときにこの記録を達成した。

アジア
100歳以上の人口が他のどの大陸よりも多く、19万人が暮らしている。

アジア

日本
総人口は中国の10分の1にも満たないが、100歳以上の人口が中国の5万1000人に対して5万8000人とアジアで一番多い。

アフリカ

史上最高齢
世界最高齢の記録保持者はフランス人のジャンヌ＝ルイーズ・カルマン。1997年に122歳と164日で亡くなった。

アフリカ
大陸全体で100歳以上が4000人しかおらず、高齢者が大勢いる国はないに等しい。アルジェリア、エジプト、南アフリカがそれぞれ1000人ほどで、残りの1000人はほとんどが東アフリカに住んでいる。

オセアニア

オーストラリア
100歳以上の人口が4000人とオセアニアで最も多く、総人口に対する割合も一番高い（0.02％）。

100歳以上の57％は高所得国に住んでいる。

不思議な歴史

捨てられた町
遺跡は古代のものとは限らない。アメリカ合衆国には、鉱山ブームに乗って栄え、放棄されてからまだ100年もたっていない町が数百もある。左はアラスカ州ケネコットの銅鉱山跡。

カラニッシュの巨石遺跡
イギリス、ルイス島
石が十字に並ぶ紀元前3000年頃の遺跡。

シーヘンジ
イギリス、ノーフォーク
約4000年前にオークの幹で作られたサークル。浜辺で発見された。

メンガ支石墓
スペイン、アンダルシア
紀元前3千年紀に作られた長さ25mの支石墓。ヨーロッパ最大級の巨石構造物である。

ニューグレンジ
アイルランド、ミーズ州
紀元前3200年頃に作られた大型古墳。羨道墳（狭い通路がある墓）として知られる。

ドロンベグ ストーンサークル
アイルランド、コーク州
2000年ほど前に作られた青銅器時代のストーンサークル。

カルナック列石
フランス、ブルターニュ

ブライス・インタグリオス
アメリカ合衆国 カリフォルニア州
砂漠の大地に描かれた人間や動物の巨大な絵。450〜2000年前に描かれた。

ストーンヘンジ
イギリス、ウィルトシャー州
約5000年前に作られた世界で最も有名な巨石遺跡のひとつ。

アフィントンの白馬
イギリス、オックスフォードシャー州
大きさ110mのウマが、山腹に土を削って描かれている。3000年以上前に描かれたもの。

オルメカの巨石人頭像
メキシコ
頭の形に掘られた巨大な石像。メキシコ最初の大文明であるオルメカ文明によるもの。

メノルカのタウラ
スペイン、バレアレス諸島
紀元前3000〜1000年に建立された巨石構造物。なぜ建てられたのかは不明だ。

太陽の石
ブラジル
こうした石造りの構造物が、アマゾンのジャングルで何百基も発見されている。

セネガンビアのストーンサークル
ガンビア/セネガル
ガンビア川に沿って広がる神聖な場所に建つストーンサークル群。

📍 地上絵
地上絵は人類最古の芸術のひとつだ。地面を掘って描かれた巨大な絵は、人々や動物をかたどったものもあるが、その他多くは何を意味しているのかわからない。

パラカスの地上絵
ペルー、ピスコ
海岸沿いの丘陵に描かれた全長183mの謎の地上絵。

アタカマの巨人
チリ北部、ウアラ
約1100年前に地面に刻まれたとされる全高119mの巨大な神の姿。

ナスカの地上絵
ペルーのナスカに広がる砂漠では、全長93mのハチドリなど、約370点の地上絵が発見されている。

ストーンサークルの一部は、夜空の星を調べるために使われたのかもしれない。

イギリスのストーンヘンジの作り手は、200km

不思議な歴史

巨石

大きな岩で築かれた先史時代のモニュメントは、人類が地上に作った最古の構造物だ。円形や直線に並ぶ巨石群や、巨石で作られた墳墓が世界各地にある。

カルナック列石 フランスのブルターニュ地方にある世界最大の立石群。3000個近い石がいくつもの列をなしている。一部は紀元前4500年までさかのぼるかもしれない。

カフカスの支石墓
ロシア、カフカス
正確に切り出した石材で建てられたモニュメント。カフカス山脈に3000基あまりが点在している。

竜游洞窟
中国、浙江省
砂岩丘を掘って作られた広大な人造洞窟。壁面には文様が刻まれている。

江華の支石墓群
韓国
紀元前1千年紀までさかのぼる石造りの墓がおよそ120基ある。

ロレ・リンドゥー国立公園
インドネシア、スラウェシ
花崗岩の巨石が400基以上。なかには人間の形をしたものもある。

未完成のオベリスク
エジプト、アスワン
最大のオベリスク(石柱)が、石切場に横たわったままになっている。立てれば高さは42mになり、さぞ壮観だったろう。

ケーララの支石墓
インド
石で作られた墳墓がたくさん見つかっている。どれも2000年以上前に作られたものだ。

巨石
中央アフリカ共和国、ブワル
紀元前1千年紀までさかのぼる70基以上の立石群が、この都市の周りで見つかっている。

巨大なモニュメント

先史時代の建築家は、原始的な道具しかなくても、驚くべき工学的な才能と壮大な計画を持っていました。彼らが生み出した巨大な石のモニュメントや地上絵は、数千年にわたって存続し、現代アートにも影響を与えています。

マリー・マン
オーストラリア
南オーストラリア州
全高4kmの槍を持った男の地上絵が、1998年頃に描かれた。

離れたウェールズの丘から巨石を運んできた。

ばかげた戦争

ブタ戦争（1859年）
アメリカ合衆国 サンフアン諸島
群れからはぐれたイギリス領のブタが、アメリカ領内のジャガイモを食べたのをきっかけに、短い国境紛争が起こった。

アルーストック戦争（1838-39年）
アメリカ合衆国、メイン州
死傷者が出なかった領土紛争。前線の兵士に与えられた食事のメニューから、「ポークビーンズ戦争」という名でも知られる。

三百三十五年戦争
オランダ対シリー諸島（イギリス）
イングランド内戦でシリー諸島に撤退した王党派に対して、オランダが1651年に宣戦を布告。「実体のない戦争」が始まったが、一発の銃声もないまま、335年後の1986年に正式な講和条約が締結された。

菓子戦争（1838-39年）
メキシコ
フランス人菓子職人の店がメキシコ軍に破壊された。フランス政府がメキシコ政府に賠償を求めたが支払いを拒否され、フランス政府は武力に訴えた。

ジェンキンスの耳の戦争（1739-42年）
カリブ海
イギリスの商船船長ロバート・ジェンキンスがスペインの沿岸警備隊に耳を切り落とされたと言って両国間で小競り合いが起こり、オーストリア継承戦争に発展した。

サッカー戦争（1969年）
ホンジュラス
ワールドカップ予選のエルサルバドル対ホンジュラス戦が両国の敵対感情をあおり、戦争が始まる一因となった。試合から18日後、エルサルバドルはホンジュラスへの侵略を開始した。

すべての戦争がばかげていると言えばそれまでですが、なかには、なぜそんなばかげた目的で戦うのか、と首をかしげたくなるものもあります。歴史を見れば、おかしなきっかけで始まった戦争や、不思議な展開を見せた戦争がいっぱいです。

ブタ戦争で死んだのは撃たれたブタ1匹だけだった。

ロータバギー
戦争が奇妙な発明を生み出すこともある。そのひとつが空飛ぶジープ「ロータバギー」だ。第二次世界大戦中、イギリス陸軍は戦場までジープを飛ばして運ぼうと、ロータバギーの実験を行った。

1866年、リヒテンシュタインは戦場に80人の兵士を送り込んだが、

不思議な歴史

泣き眉 中国（紀元前3世紀）
多くの女性が眉毛を眉間で反らせていた。

バッスル
アメリカ合衆国 ニューヨーク
（1870-90年代）
ウエストとヒップを強調するために、ドレスにつける腰当て。

ホブルスカート
アメリカ合衆国
（1900-10年代）
足の動きが制限される幅の狭いスカート。

パイントーン
南アメリカ
（1820-40年代）
都市の裕福な女性が身につけた巨大なクシ。

ヘアコーン
古代エジプト
ロウでできたとんがり帽子。ロウが熱で溶けると、頭ににおいが広がった。

お歯黒 日本（8-19世紀）
結婚した女性は歯を黒く染めた。

キャベツツリー帽子
オーストラリア（1800年代）
オーストラリアで最初の帽子。キャベツツリー（ニオイシュロラン）の葉で作られた。

マカロニファッション
ヨーロッパ（18世紀）
イギリス上流階級の若者たちは、イタリアの過剰なファッションを模倣し、「マカロニズ」と呼ばれた。

19世紀になるまで
ヨーロッパの女性は
下着をつけていなかった。

一本眉
古代ギリシャおよびローマ
つながった眉毛が純潔のしるしとされ、ヤギの毛を張りつけて一本眉を装うこともあった。

理解しがたい流行

私たちの先祖にも、様々な服装や化粧の流行がありました。どぎついものや奇抜なもの、毒を使った危険なものも流行しました。現代の雑誌で見るものとは大違いです。

は顔色を明るくするために、なんとワニのフンを使っていたのだ！

131

育毛法
イギリス（1654年）
17世紀にイギリスで出版されたある医学書では、薄毛治療にニワトリのフンを使うことをすすめている。

ケチャップ
アメリカ合衆国（1830年代）
ケチャップはもともと薬として売られていた。トマトに含まれるビタミンの効能で、下痢から消化不良まで何でも治せるという触れ込みだった。

共感の粉
ヨーロッパ（17世紀）
この魔法の粉を武器に振りかけると、その武器によってできたケガが治りやすくなると信じられていた。

歯ぐずり
アメリカ合衆国（1849-1930年代）
「ウィンズロー夫人の鎮静シロップ」は、乳歯が生え始めてぐずる赤ん坊を眠らせるための薬だった。ところが、これを飲んだ幼児たちが眠ったまま永遠に目を覚まさないという事件が起こった。このシロップには、アルコールと強力な医薬用モルヒネが入っていたのだ。

トイレのお尻拭き
アメリカ合衆国（1600-1800年代）
アメリカに最初に入植した人たちは、乾燥させたトウモロコシの芯でお尻の汚れを拭いた。他の選択肢と比べて、ずっと柔らかかったからだ。

穿頭術
世界各地（紀元前7000年以降）
先史時代には、頭蓋骨に直接穴を開ける手術がよく行われていた。脳の圧力を下げるためだったと考えられる。

歌と薬草
南アメリカ
古代インカではクランデロという呪医が、歌と薬草を使って人々を治療した。

19世紀、プロイセンの外科医が吃音の治療のために舌の一部を切ろうとした。

ヒル療法
昔は悪い血を抜くと病気が治ると考えられていたことから、ヒルに血を吸わせるという気持ち悪い治療法が2500年以上にわたって行われてきた。現代医療でも、ヒル療法は一部で用いられている。

古代ローマの医者の多くは、政敵を亡き者に

不思議な歴史

治癒の歌
スカンジナビア（700-1000年）
バイキングは古代スカンジナビアのルーン文字の力を信じ、歌と呪文を用いて健康を得ようとした。

不死の追求
中国（紀元前259-210年）
絶対に死にたくない中国の始皇帝は、水銀の入った不死の秘薬を飲んだ。だが水銀は毒なので、かえって寿命を縮めてしまったかもしれない。

歯の虫
現代では、虫歯ができる理由がきちんとわかっている。だが以前は、その名の通り、歯の中にすむ小さな虫が歯の病気を引き起こすと考えられていた。歯が痛くなるのも、その虫が動き回るせいだ。

土を食べる
ヨーロッパ（紀元前500年-西暦19世紀）
ギリシャのリムノス島の泥で作られた円盤が、様々な病気の治療薬として食べられていた。円盤には本物を示す承認印が押され、ヨーロッパ各地で売られた。

尿療法
インド（古代から）
古代インドの経典には、自分の尿を飲む効能が記されている。

苦い胆汁
古代中国
漢方医学では、ゾウの胆汁でうがいをすると口臭が消え、視力の改善にも効果があると信じられていた。

ありえない軟膏
古代エジプト
古代エジプトでは、あらゆる動物のフンから軟膏が作られ、一般的な治療法として普及していた。

ミイラが薬に
アラビア半島／ヨーロッパ（16-18世紀）
古代エジプトのミイラを粉末にしたものを、医学用の水薬や軟膏の材料に使うのが流行していた。

リウマチ治療
オーストラリア（19世紀）
エデンという町に住んでいた男性の経験から、死んだクジラの体内を歩くと関節痛が和らぐと言われるようになった。

トンデモ治療法

昔の医者が行っていた治療法には、非科学的なものや非衛生的なものがたくさんありました。病気が良くなるどころか、かえって悪化させてしまい、ときには死に至ることもあったようです。

しようと企む皇帝に雇われて、毒殺も行った。

歴史のミステリー

古代の遺物は私たちの先祖の暮らしを明らかにしてくれますが、一方で専門家を悩ませる奇妙な遺物も見つかっています。こうした遺物の目的や、それを生み出した古代人の技術は謎に包まれています。

ピリ・レイスの地図
1929年に発見された不思議な地図。オスマン・トルコ海軍の提督ピリ・レイスが1513年に描いた。南極大陸が発見されたのは1820年頃とされるが、地図の南端には南極大陸のようなものが描かれている。

アンティキティラ島の機械
ギリシャ、アンティキティラ島
紀元前100年頃までに作られていた古代ギリシャの航法装置。14世紀の時計と同じくらい複雑な歯車の仕組みが使われていた。

バグダッド電池
イラク、クジュトラブ
1930年代、現在のバグダッドで紀元前200年頃の不思議な土器が発見された。土器の中には鉄の棒を差し込んだ銅の筒が入っていた。はたしてこれは古代の電池なのだろうか？

地動儀
中国
132年に古代中国の発明家、張衡が考案した世界最古の地震計。どういう仕組みだったのか、正確にはわかっていない。

三星堆の仮面
中国、徳陽市
3000年以上前に作られた複数の神秘的な仮面が、1986年に中国で発見された。この仮面を生み出した三星堆文化は、いまだに謎が多い。

ナンマトル
ミクロネシア、ポンペイ州
遠浅のサンゴ礁の上に玄武岩を積み重ねて作られた人工島の遺跡。石をどのように運び、どうやって積み重ねたのか謎のままだ。

ダマスカス鋼
古代インド
西暦900年という遠い昔に、驚くほど切れ味が鋭い金属の刃が生み出された。その技術は今も謎だ。

クレルクスドルプの球体
南アフリカ、オットスダル
30億年前にできた小さな金属の球体。人間が作ったのではなく、自然の力で丸くなったと言われている。

書かれていた。この文字は、まだ解読が進んでいない。

不思議雑学

2つの大陸のはざま
アイスランドは北アメリカとユーラシアの2つの大陸プレートのはざまにあり、南西部のシルフラでは大陸のさけ目をダイビングすることができる。

北アメリカと中央アメリカ

カナダには世界のホッキョクグマの3分の2が暮らしている。

半分半分
ハスケルフリー図書館＆オペラハウスは半分がカナダ領、半分がアメリカ合衆国領にある。オペラハウスのステージはケベック州ロックアイランドにあるが、座席の大半はバーモント州ダービーラインにある。

アメリカ合衆国のニューヨークで話される言語は800を超える。

アメリカ合衆国で最も多い道路名はセカンドストリート。ファーストストリートはなぜか第3位だ。

アメリカ合衆国 ニューヨーク
ニューヨークのグランド・セントラル駅の発車標に表示される時刻はどれも正しくない。実際に発車する1分前に発車したと表示することで駆け込み乗車を防いでいるのだ。

ニューヨーク（アメリカ合衆国）と南極点の年間降雪量を比べると、ニューヨークが15倍多い。南極点一帯は寒冷地砂漠なので、降水量はとても少ないのだ。

ニューヨークでは、幽霊が出る家を買い手に知らせないで売ることは違法だ。

ニューヨークのマンハッタンにあるビルはとても大きいため、40棟以上のビルに固有の郵便番号が割りふられている。クライスラービル（右）もそのひとつだ。

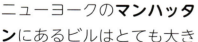

家賃、食料品、交通機関、外出にかかる費用など、生活費が最も高い国はバミューダである。

アメリカ合衆国の億万長者は546人と世界で最も多く、そのうちのなんと103人がニューヨークに住んでいる。

不思議雑学

キューバの首都ハバナのジョン・レノン公園に立つ**ジョン・レノン像のメガネ**は、しょっちゅう盗まれていた。そこで警備員がメガネを持ち歩き、訪れた人に頼まれたときだけメガネをかけるようにした。

世界最大のピラミッドはメキシコにある**チョルーラの大ピラミッド**だ。底部の面積は400m²あり、エジプトの**ギザの大ピラミッドの4倍**もある（ただし高さは55mで、ギザの半分にも満たない）。

パナマ運河の通行料は排水量（重量）に応じて課される。2016年、コンテナ船MOLベネファクターは**100万ドル（約1億円）**近い支払いを求められた。1928年に運河を泳いで渡ったアメリカ人リチャード・ハリバートンが払った通行料は**36セント**だった。

アメリカ合衆国は**空港が1万5095**もある。世界でもダントツの空港大国だ。

ジャマイカには**教会**が1600もあり、1m²あたりの教会数が世界の**どの国よりも多い。**

ホンジュラス領**ロアタン島**のダイバーたちは、ペレスメジロザメに**ミノカサゴを食べるよう調教**した。ミノカサゴはサンゴ礁の生態系を破壊する侵入種だからだ。

2014年まで、**コスタリカには道路名や番地がなく、**郵便物の宛先に近くの目印や東西南北の方角が使われた。

南アメリカ

コロンビアの国技である**テホ**は、鉛の球（円盤）を**火薬がつまった的**に投げつけるスポーツだ。

エクアドル、コロンビア、ベネズエラ、ブラジルは赤道に位置しているので、**夏と冬を同時に経験する**。

南アメリカで最初に電気が導入された都市はボリビアの首都**ラパス**。電力を生み出す燃料は石炭やガスでなく、**リャマのフン**だった。

スリナムは国土の**95％が森林**で覆われ、森林の割合が世界で最も高い。

パラグアイの国旗は世界で唯一、**表と裏のデザインが異なる**。表側には国章、裏面には財務省の紋章と標語（「平和と正義」）が描かれている。

ウルグアイは1919年に政治と宗教を分けたため、宗教にちなんだ名前の祝祭日がない。クリスマスは「家族の日」、「聖週間」は「観光週間」と呼ばれている。

ガイアナは南アメリカで唯一、**英語**を公用語とする国だ。

ベネズエラという国名は、イタリアの都市**ベネチア**にちなんでいる。ヨーロッパ人の探検家がこの国を見て、ベネチアを思い出したのだ。

エクアドルという国名は、「赤道」を意味するスペイン語「エクアドル・テレストレ」に由来する。これは、地理上の特性が国名になった世界で唯一の例だ。**ミッター・デル・ムンド**（赤道記念碑）の下には赤道の線が引かれていて、南北両半球をまたげるようになっている。だがこの線は、実際の赤道より**南に240mずれている**と言われている。

アマゾン川から**大西洋**に膨大な水が流れ込むので、河口から160km沖まで**真水**がある。

魚の種の数は大西洋全体よりもアマゾン川のほうが多い。

アマゾンカワイルカはピンク色をしている。

南アメリカの全人口の**ほぼ半数がブラジルに住んでいる。**

ブラジルはエクアドルとチリ以外のすべての南米諸国と国境を接している。

ブラジルの首都として1960年に完成した**ブラジリア**は、上空から見ると**飛行機の形に見える**。

ブラジル**は世界一のサッカー選手輸出国**だ。2016年には1784人のブラジル人選手が外国でプレーした。

アマゾン熱帯雨林の植物が、**世界の酸素の20％以上**を生み出している。

アマゾン熱帯雨林に生息する**植物の約90％**は、まだ調査されていない。

チリには政府が資金を出している**UFO研究機関**がある。

チリの**アルガロボ市**には長さが914.4m、**深さが驚愕の35m**という世界最大の**プール**がある。

アルゼンチンは1892年に有罪の証拠として**指紋を使った最初の国**である。

ペルー伝統の新年の贈り物は黄色い下着だ。黄色い下着は幸運をもたらすとされる。

ペルーで栽培される**ジャガイモは3000種以上、トウモロコシは55種類**ある。トウモロコシの色は、黄色のほかに**黒、白、紫**がある。

ペルー人は冬の空を「ロバの腹」と呼ぶ。大地の上に灰色のロバが立っているように見えるからだ。

アフリカ

モロッコのアトラス・コーポレーション・スタジオは、**世界最大の映画スタジオ**だ。

ソマリアは世界最大の**ラクダ大国**で、その数は約720万頭に達する。

これまでに**トーゴ**がオリンピックで獲得したメダルは、2008年のカヤックの**銅メダル1つ**だけである。しかも獲得したのは、1度しかトーゴを訪れたことのない男性だった。

ナイジェリアの映画産業はインドに続く世界第2位の規模をほこり、毎週50作品ほどが製作されることから「**ノリウッド**」と呼ばれる。

ナミブ砂漠に面した**ナミビアの骸骨海岸**は濃い霧が立ちこめ、「**千の難破船の海岸**」と呼ばれる。

南アフリカの**ウィットウォーターズランド**だけで**世界の金の半分を産出**する。

ガーナの通貨「セディ」の名は、タカラガイ（宝貝）の現地名にちなんでいる。かつてこの国では、**タカラガイが通貨**として流通していたのだ。

ボツワナの通貨プラは「雨」という意味。この国では雨が非常に貴重なものなのだ。より小さい単位は**テベ**で、語源は「盾」だが、「雨粒」を意味すると言われている。

142

不思議雑学

スーダン北部には**約2000基のピラミッド**がある。これはエジプトにあるピラミッドの2倍にあたり、一番古いものは**4600年前**までさかのぼる。

エチオピアで使われる暦は、1年が12カ月でなく**13カ月**ある。

ケニアの主な輸出品はコーヒーだが、ケニア人はコーヒーより**お茶を飲む**。

もしも、フンコロガシなどの**糞虫**がアフリカの大地からいなくなったら、わずか1カ月で**フンが腰の高さ**までたまるだろう。

マダガスカルで見つかった生物種の約**90%**が、この島にしかいない**固有種**だ。

これまでに**ピザ**が配達された世界一高い場所は**キリマンジャロ山頂**だ。745km離れたタンザニアのレストランから、標高5897mの山頂まで配達するのに**4日**かかった。

南アフリカの**ダーバン**には、椅子の高さが地上から9m、横棒の高さが地上から88mという**世界一高いブランコ**「ビッグラッシュ」がある。

ヨーロッパ

フィンランドとスウェーデンの**国境にあるゴルフコース**はホールの**半分がフィンランド、半分がスウェーデン**にある。

世界最高所のトイレは、フランスの**モンブラン**の山頂にある。その高さは海抜4200mを超える。

1879年に**ベルギー**のリエージュでは、ネコの「帰巣本能」を利用して手紙を届けようと37匹の**ネコを訓練**したが、うまくいかなかった。

紀元前133年、ローマは人口が100万人に達した世界で初めての都市となった。

スロバキアの首都**ブラチスラバ**は、**複数の国と国境を接する**(オーストリアとハンガリー)唯一の首都だ。

ブラチスラバ

スペインとポルトガルの間にはロープを滑車ですべりおりる**長さ720mのコース**がある。

ロープは1分で渡れるが、両国の間に時差があるので**1時間の旅**となる。

ユーロ紙幣に描かれる橋は、わざと**実在する橋に見えない**ようにして、どの国も自分たちの橋だと主張できないようにしている。ところが、オランダ人デザイナーがオランダのロッテルダムに**紙幣と同じ橋をかけ**、色まで同じにした。

アルメニアの学校では**チェスが必修科目**となっている。

不思議雑学

スコットランドの国獣は**ユニコーン**だ。

ギリシャの国歌は世界中で最も長く、**158番**まである。

アイスランドでは、ペットとしてトカゲ、ヘビ、カメを飼うのは**法律で禁止されている**。

ドイツの**連邦首相府**は、正方形の建物に大きな丸い窓がついていることから、ブンデスバシュマシーネ（「**連邦洗濯機**」）と呼ばれている。

チェコの**ペルフジモフ**の町では1990年から毎年、**世界記録に挑戦**する祭りが開催されている。競技は風変わりなものばかりで、**はしご登り競走**や、**塩入れの上で自動車のバランスをとる競技**などがある。

ハンガリーの**ブダペスト子ども鉄道**は10歳から14歳の小中学生によって運営されている。きっぷ販売から車掌、ポイントの操作まで、**すべて子どもたちが行う**（列車の運転だけは大人）。

ロシアの**バイカル湖**はとても深く（1642m）、世界中の凍っていない**淡水の20%**がこのバイカル湖にある。

 ヨーロッパには**@マーク**を動物の名前で呼ぶ国がある

 オランダ サルのしっぽ

 デンマーク/スウェーデン ゾウの鼻

 ギリシャ アヒルの子

 ハンガリー ミミズ、ウジ虫

 イタリア カタツムリ

 マケドニア 小さなサル

 ポーランド サル

アジア

ヒマラヤ山脈は恐竜が絶滅してから2500万年後に形成された。

チベットの伝統的な距離測定法はいっぷう変わっていて、旅の間にお茶を何杯飲んだかで距離を割り出した。

2011年、ジョージアである女性がケーブルを切断したため、隣のアルメニア全土のインターネットが使えなくなった。

ネパールの国旗は世界で唯一、正方形でも長方形でもない。

イランのルート砂漠はあまりにも暑くて、細菌さえ死滅してしまう。そのため、グラスに入った牛乳を放っておいても腐らない。

世界中の動物園にいるジャイアントパンダは、すべて中国に所有権がある。

チューリップはオランダの国花になっているが、実はトルコから来たものだ。「チューリップ」という言葉は、「ターバン」を意味するトルコ語の「チュルバン」に由来する。

ドバイにある世界一高い建物ブルジュ・ハリファのエレベーターの速度はとても速く、地上で日没を見てからエレベーターに乗って屋上まで行くと、2度目の日没が見られる。

インドのアンダマン諸島で話されるアンダマン語で、数を表す言葉は2つしかない。「1つ」を意味する言葉と「1つ以上」を意味する言葉の2つだけだ。

不思議雑学

韓国では年齢を妊娠中から数える数え方もある。**生まれた日が1歳**となり、誕生日ではなく1月1日が来るたびに1つ歳をとる。12月31日に生まれると、**生まれた翌日に2歳**になるわけだ。

イスラエルは一度「死んだ」言語を復活させて、国民の言語とした唯一の国だ。この国ができるまで、**ヘブライ語**はお祈りや学問にしか使われなくなっていた。

ベトナムのビンチャウ温泉は水温が82℃という高温で、およそ**10分で卵がゆで上がる**。

日本の自動販売機で売られているのは、飲み物やチョコレートだけではない。生きた**伊勢エビ、だし、できたてラーメン、卵、レタス、バナナ、下着も買える**。

1970年代以降、**日本ではクリスマスにケンタッキーフライドチキンを買う人が増えている**。日本に住む外国人が、七面鳥がないのでケンタッキーでクリスマスを祝おうと来店したのが始まりらしい。

1973年、イスラエルのマサダで、考古学者がつぼに入った**2000年前の種**を発見した。この種を2005年に植えると、**1800年間絶滅していた種**のナツメヤシが育った。

世界の絹の50%以上は日本と中国で生産されている。絹を織るための絹糸は、カイコのまゆ1個から**915m**ほどとれる。

世界一高い場所にあるクリケットの競技場は、インドのヒマーチャル・プラデーシュ州にあるチェイル・クリケット競技場。**海抜は2250m**で、1893年に丘の頂上を削って作られた。

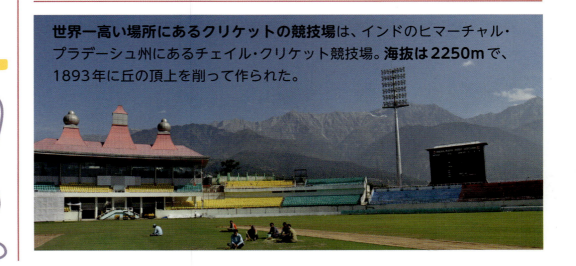

オセアニア

オーストラリアのクイーンズランド州ジンバから南オーストラリア州グレートオーストラリア湾まで続く**ディンゴフェンスは世界一長いフェンスで**、総延長は約5600kmにおよぶ。

1940年、オーストラリア空軍の2機の**飛行機が空中で衝突**、離れられなくなってしまった。乗員のうち4人は脱出したが、1人は機内に残り、**無事に着陸させた**。

オーストラリアには**1万685のビーチ**がある。1日1カ所訪れるとして**29年以上**かかる。

1840年、乾燥した土地で人や物資を長距離輸送するため、オーストラリアに**ラクダ**が持ち込まれた。ラクダは環境に適応して増え続け、現在は野生のラクダが**60万〜100万頭**もオーストラリアに生息している。

オーストラリアには農作物を荒らす**ウサギが2億羽**いると推定される。その始まりは1859年、1人の男が狩りのために**野に放した24羽**だ。

探検家マシュー・フリンダーズは**探検隊がスープにして食べた31頭のカンガルー**に感謝を込めて、1802年、オーストラリア南部の島をカンガルー島と名づけた。

1979年、アメリカ合衆国の宇宙ステーション「**スカイラブ**」が地球の大気圏に入って燃え、**大きな残骸がオーストラリアに落ちた**。西オーストラリア州エスペランスの評議会は、**ゴミ投棄の罰金として400ドルをNASAに課し**たが、罰金は30年間支払われなかった。2009年、カリフォルニア州のラジオ放送局のリスナーが、NASAの代理として罰金を支払った。

不思議雑学

ニュージーランド北端の**90マイルビーチ**は実際には**55マイル（88km）**しかない。

フィジーでは**右耳**の後ろにプルメリアの花を差すと、**恋人募集中**という意味になる。**左耳**に差すと、**もう恋人がいる**という意味だ。

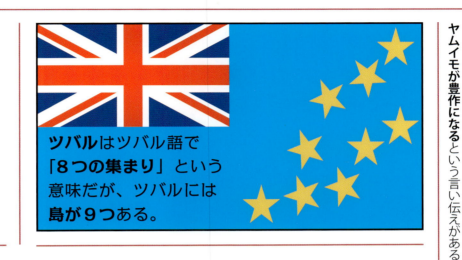

ツバルはツバル語で**「8つの集まり」**という意味だが、ツバルには**島が9つある**。

バンジージャンプの起源はバヌアツのペンティコースト島で行われる**ナゴール（「陸上ダイビング」）**だ。成人男性と少年たちがヤムイモのつるをバンジーロープにして、高さ27mの竹製の塔からジャンプする。頭が地面にぶつかるギリギリのところまで落下し、髪の毛だけ地面に触れたら、**ヤムイモが豊作になる**という言い伝えがある。

オセアニアには**1万以上の島**があるが、すべての島を合わせても**面積は82万2800km²**しかない。オーストラリアの9分の1の面積だ。

ニュージーランド**空軍**のシンボルは国鳥のキーウィだが、**キーウィは飛ぶことができない**。

ニュージーランドにはヘビがいない。

サモアとトケラウに暮らす人々に、**2011年12月30日は来なかった**。12月29日24時に、国際日付変更線をオーストラリア、ニュージーランドと同じ時間帯にずらしたためだ。「翌日」に飛び越えたため、12月30日はなくなってしまった。

サモアではバスが満員になって座席に座れない人は、座っている人の**膝の上に座る**。赤の他人どうしでも**おかまいなし**。

149

名前にまつわる話

世界一長い地名

タイの首都、バンコクの正式名称はこんなに長い！

クルンテープ・プラマハーナコーン・アモーンラッタナコーシン・マヒンタラーユッタヤー・マハーディロックポップ・ノッパラット・ラーチャタニーブリーロム・ウドムラーチャニウェートマハーサターン・アモーンピマーン・アワターンサティット・サッカタッティヤウィサヌカムプラシット

訳すとこうなる。

「天使の偉大なる都、帝釈天の戦争なき平和で偉大な輝かしき大地、九種の宝石を授けられた楽しき王（アユタヤ）の都、数多の宮殿があり、神が化身となって鎮座し、帝釈天が建築の神ビシュカルマに命じて造りたもうた神聖なる御所」

タイ人は正式名称の頭をとって**クルンテープ**（天使の都）と呼んでいるが、外国人は**バンコク**と呼ぶ。

シンガポールの名はサンスクリット語のシンハプラに由来する。つまり**ライオンの町**ということだ。

シエラレオネはスペイン語で「**ライオンの山脈**」を意味する。なぜこの名前になったかは諸説ある。シエラレオネの山脈が眠っているライオンやライオンの歯のように見えるからという説もあれば、山にとどろく雷がライオンのうなり声のように聞こえるからという説もある。

カメルーンはポルトガル語で**エビを意味する**「カマロン」から名づけられた。

ノルウェーには**ヘル**という町がある。英語だと「地獄」のことだが、ノルウェー語では「成功」という意味だ。

スペイン（エスパーニャ）はラテン語の「ヒスパニア」に由来するが、これは「**ウサギの国**」という意味だとする説が有力である。

パナマは先住民族の「**魚が豊富**」または「**たくさんのチョウ**」という言葉に由来すると言われている。

染料に用いられていた木を「**パウ・ブラジル**」（ポルトガル語で「**赤い木**」）と呼んでいた。ポルトガルへの輸出が盛んになり、16世紀には国名が**ブラジル**と呼ばれるようになった。

不思議雑学

行きたくない地名

名前のせいで
行く気がなくなる場所がある

- **Devil's Bit**（悪魔のかけら）
  アイルランド、ティペラリ郡
- **Disappointment Island**（がっかり島）
  ニュージーランド
- **Eek**（キャー!!）
  アメリカ合衆国、アラスカ州
- **Hongerige Wolf**（腹ぺこオオカミ）
  オランダ、フローニンゲン
- **Pity Me**（私を哀れんで）
  イギリス、ダーラム
- **Stupid Lake**（おろかな湖）
  カナダ、マニトバ

ちょっと行ってみたくなる
いい感じの地名もある。

- **Batman**（バットマン）
  トルコ
- **Cool**（かっこいい!）
  アメリカ合衆国、カリフォルニア州
- **Desire**（願望）
  アメリカ合衆国、ペンシルベニア州
- **Fairy Dell**（妖精の小谷）
  オーストラリア、ビクトリア州
- **Goodenough Island**（満足の島）
  パプアニューギニア
- **Surprise**（びっくり）
  アメリカ合衆国、アリゾナ州

何だかわからない地名

Nameless（名なし）	米、テネシー州
No Name（名がない）	米、コロラド州
No Place（どこにもない）	英、ダーラム郡
Nowhere（地の果て）	米、オクラホマ州
Nowhere Else（他のどこでもない）	豪、タスマニア
Point No Point（どこでもないどこか）	米、ワシントン州
Uncertain（あやふや）	米、テキサス州
Why（なぜ）	米、アリゾナ州

カナダには**ヘッド＝スマッシュト＝イン・バッファロー・ジャンプ**という崖がある。この名は、バイソンを崖に追いつめて頭から落ちるようにしむける、**古代の狩猟方法**からつけられた。その起源は1万2000年前までさかのぼる。

すごいので繰り返した地名

エアス・フォルス・ウォーターフォール（イギリス）
スコットランドゲール語、古期スカンジナビア語、英語の順で「滝、滝、滝」の意味。

フォルムトルゲ（スウェーデン）
ラテン語とスウェーデン語の順で「広場、広場」。

キュラキュラ（エストニア）
エストニア語で「村、村」。

コート＝ダルモール（フランス）
フランス語とブルターニュ語の順で「海岸の海岸」。

ヤルビヤルビ（フィンランド）
フィンランド語で「湖、湖」。

ニャンザ・ラック（ブルンジ）
バンツー語とフランス語で「湖、湖」という意味。ただし、この町に湖はない！

フィレフィエル（ノルウェー）
ノルウェー語で「山、山」。

イスラ・プロ（フィリピン）
スペイン語とタガログ語で「島、島」。

気分が乗らない地名

- **Boring**（退屈）：米、オレゴン州
- **Dull**（単調）：英、パース・アンド・キンロス
- **Bland Shire**（ぱっとしない地方）：豪、ニューサウスウェールズ州

楽しげな地名

- **Funny River**（面白い川）
  米、アラスカ州
- **Ha! Ha! River**（あはは！川）
  カナダ、ケベック州
- **Happy Adventure**（楽しい冒険）
  カナダ、ニューファンドランド島
- **What Cheer**（ご機嫌いかが）
  米、アイオワ州

世界一長い「一単語」の地名

Taumatawhakatangihangakoauauotamateaturipukakapikimaungahoronukupokaiwhenuakitanatahu

これはニュージーランドにある丘のマオリ語名。

「膝が大きな男タマテア、山々を滑り、登り、飲み込み、『ランドイーター』と呼ばれた男が、愛する人のために鼻笛をかなでた山の頂き」という意味だ。

151

世界のジェスチャー

アルバニア、ブルガリア、エジプト、ギリシャ、イラン、レバノン、シチリア、シリア、トルコでは、**頭を後ろに一度そらせる**と「いいえ」の意味になる。

ブルガリアとアルバニア南部では、**左右に首を振る**と「はい」の意味になる。

ネパールでは手を振ると「いいえ」。

オーストラリア、カナダ、イギリス、アメリカ合衆国では、**手の甲を上**にして上下に振ると、「**あっちに行け**」という意味になる。ガーナ、インド、フィリピン、ベトナムでは「**こっちに来い**」という意味になる。これらの国で、**手のひらを上**にして同じように合図すると失礼なので、絶対にやってはいけない。

インドやネパールでは両手を合わせて「**ナマステ**」という挨拶の言葉を交わす。
日本では「**ありがとう**」、「**許して**」の意味で両手を合わせる。

オーストラリア、カナダ、イギリス、アメリカ合衆国では、指をくいくい曲げると「**こっちに来て**」になるが、フィリピンではかなり無礼なしぐさとされる。これは普通、**犬を呼ぶときに使われる**からだ。

メキシコでは手のひらを自分のほうに向けたまま腕を上げると「**ありがとう**」。

イタリアでは自分の頬に指を当てると「**おいしい！**」。

不思議雑学

ドイツとオーストリアでは、親指を中にして拳を握り、何かをやさしくたたくと「幸運を祈る！」という意味になる。

イギリスでは、指で鼻を軽くたたくと「内緒だよ」という意味だが、イタリアでは「気をつけて」という意味になる。
日本では、指で自分の鼻先を指して、自分のことを示す。

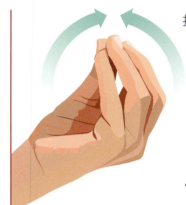

指をすぼめるしぐさは国によって違う意味になる。イタリアでは「これは何？」あるいは「あなたは何が欲しいの？」と尋ねるしぐさになる。トルコでは美しいもの、良いものを意味する。コンゴ民主共和国では量が少ないことを表し、エジプトではすぐに用意が整うことを示す。

ガーナでは右手を腹に当ててから挙げると、「満足です」。

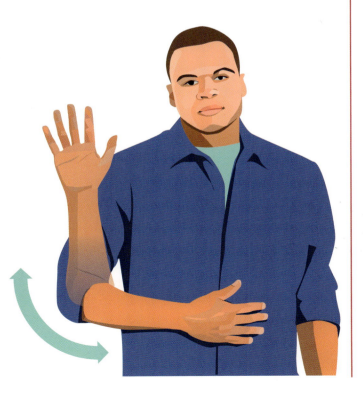

1〜5の数え方いろいろ

イギリス、北アメリカ

ヨーロッパ

日本

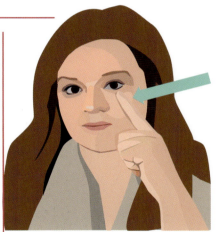

フランスでは「あなたを信じない」と言うときに、人さし指で目の下を触れる。

ブラジルでは「どうでもいい」ということを表すときに、指でもう一方の手をたたき、次に手を変えてもう一度たたく。

世界観と宇宙観

地球が丸いという知識は紀元前6世紀頃からあったものの、**地球は長い間、平らだと信じられていた**。紀元前500年に古代ギリシャの哲学者**ヘロドトス**が描いた地図は、世界が平らに描かれ、その**中心がギリシャ**だった。

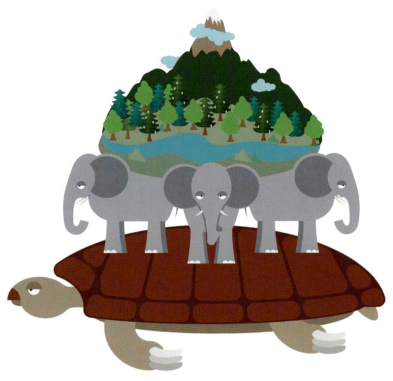

インド、中国、アメリカ先住民の神話には、**カメに背負われた**世界が登場する。

中世の地図製作者は未踏の海域に**海の怪物**や**ドラゴン**を描き、そこには**危険が潜んでいる**と警告した。

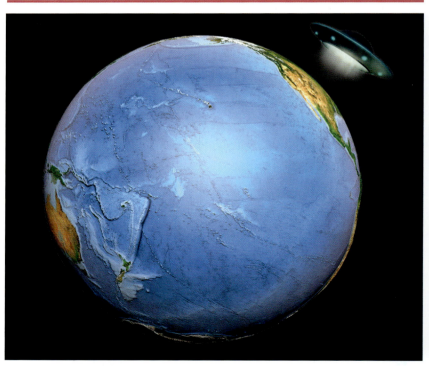

海は地球表面の**71％**を占める。もし**宇宙人**が地球にやって来たら、**海に着水する**可能性が大である。

海中に消えたと言われる失われた都市**アトランティス**の神話は事実にもとづいているのかもしれない。3600年前の**火山爆発**によってアトランティスが破壊された可能性もあるのだ。

不思議雑学

多くの文化では、死者は地下にある**黄泉の国**にいると考えられていた。マヤ人は、ベリーズにあるこの洞窟が「**シバルバー**」という死の世界に通じていると信じていた。

古代ギリシャの数学者**エラトステネス**は、はるか昔の紀元前240年頃に**地球の大きさを計算**した。導き出した外周の距離は**4万km**で、ほぼ正確な数値だ。

古代ギリシャの天文学者**プトレマイオス**（100-170年）は、宇宙にあるすべての天体が地球の周りを回っているという説（**天動説**）を唱えて**広く支持された**。

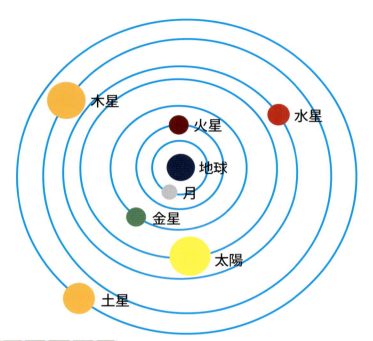

それから1000年以上のち、**ガリレオ・ガリレイ**は地球が太陽の周りを回っているという説（**地動説**）を唱え、裁判にかけられて**活動を禁止された**。

「**地球の内部は空洞だ**」と言う人たちは古代からいた。地底には、火をふく谷、網状につながる洞窟、より小さな球体などがあると考えられていた。

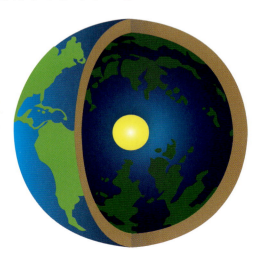

どっちが上？
地図では北が上になっているが、地球は自転する球体なので「上」も「下」もない。南が上になった地図でも、何もおかしいことはないのだ。

索引

ア

アーチ 8, 9
アイスランド 14-15, 19, 62, 98, 114, 137, 145
アイルランド 34, 46, 54, 58, 76, 94, 100, 124, 151
赤ちゃん 104, 105, 117, 147
　動物の〜 30, 31, 102
アザラシ 28
アジア 146-147
　菌類 40, 41
　植物 38, 39
　人口 95, 121
　食べ物 101
　動物 22, 23, 28, 29, 31
　都市 80
アステカ 100, 134
アゼルバイジャン 127
アトランティス 74
アフガニスタン 95
アフリカ 12, 64, 65, 87, 88, 91, 142-143
　音楽 118, 119
　植物 36, 38, 39
　人口 94, 95, 121
　食べ物 99, 100, 101
　動物 23, 24, 25, 28, 30, 31, 32, 33, 35
　本 79
アマゾン熱帯雨林 62, 90, 141
雨 11, 16-17, 142
アメリカ合衆国 12, 46, 54, 56, 62, 64, 70, 72, 74, 82, 110, 116, 123, 124, 126
　音楽 118
　学校 114
　菌類 40, 41
　交通 52, 53, 62, 108, 138
　仕事 102
　自然の特徴 6, 8, 10, 18, 81
　植物 36, 37, 38
　人口 94, 120
　スポーツ 106
　建物 50, 66, 68
　食べ物 100
　治療法 132

　動物 16, 22, 23, 24, 28, 30, 32, 34, 58
　博物館 112, 113
　本 79
　祭り 104
　迷路 77
　UFO 48, 49, 56, 104
　幽霊スポット 44
　流行 131
嵐 11, 16, 17, 21, 44, 53, 96, 114
アリ 41
アルゼンチン 8, 32, 36, 48, 66, 74, 104, 110, 141
アルメニア 144, 146
アンゴラ 22
アンデス山脈 8, 10
家 44, 50, 61, 66, 67, 68, 69, 138
イエティ 47
イエメン 37, 67, 71, 109
イエローストーン国立公園 18, 81
イカ 16, 22, 23, 27
イギリス 6, 8, 12, 51, 56, 57, 64, 70, 74, 97, 106, 108, 116, 128, 129, 152, 153
　菌類 40
　動物 16, 24, 32, 46-47, 102
　博物館 112
　本 78
　祭り 104, 105
　迷路 76, 77
　モニュメント 124
　UFO 48
　幽霊スポット 44, 45
生垣迷路 76, 77
泉 6, 7, 18, 19, 54, 81
イスラエル 7, 55, 63, 75, 99, 147
イソギンチャク 28
イタリア 44, 51, 54, 63, 80, 108, 111, 127, 145, 152, 153
　史跡 58, 74, 76
　食べ物 98
　本 79
　祭り 104
井戸 45
イヌ（犬） 31, 46, 47, 58, 102, 112, 129, 152
衣服 130-131, 141
イラク 73, 135

イラン 19, 49, 67, 146, 152
イルカ 29, 141
岩 6, 8-9, 67, 117, 125
インカ 50, 100, 132, 134
隕石 129
インターネット 59, 115, 146
インド 9, 11, 17, 33, 37, 55, 73, 89, 109, 146, 152, 154
　子ども 95, 115
　仕事 103
　植物 39
　スポーツ 107, 147
　博物館 113
　法律 111
　本 79
　迷路 77
　UFO 49
　幽霊スポット 45
インドネシア 7, 13, 17, 19, 35, 37, 39, 45, 69, 73, 80, 87, 125
　学校 115
　仕事 103
　スポーツ 107
　法律 111
ウォンバット 29
ウクライナ 115, 127
ウサギ 35, 78, 148, 150
うじ虫 98, 145
ウズベキスタン 51, 80
宇宙 8, 25, 117
　宇宙人 48, 49, 56, 58, 104
　宇宙ステーション 148
　宇宙戦争 58
ウナギ 28
ウマ（馬） 34, 59, 101, 124
海 11, 18, 52-53, 74-75, 82-85, 87, 88
　海面 82-83, 90, 91
　海流 20-21
　航海 96, 97
　動物 22, 23, 24, 26-27, 29, 47
ウミウシ 29
ウユニ塩湖 6, 66
ウルグアイ 16, 70, 82, 120, 140
映画 59, 78-79, 113, 117, 142
エイプリルフール 56, 57, 106
エクアドル 50, 81, 87, 140, 141
エジプト 9, 51, 121, 125, 134, 143, 152, 153

　古代〜 75, 77, 131, 133
　食べ物 99, 101
エチオピア 7, 11, 17, 63, 127, 143
エッフェル塔 56
エビ 150
エミュー 129
エルサルバドル 97, 104, 128
塩湖 6, 66
オオカミ 24, 47
狼男 45, 46, 47
オーストラリア 7, 9, 11, 13, 19, 55, 63, 65, 73 75, 83, 89, 91, 109, 127, 148-149
　映画 79
　学校 115
　菌類 41
　仕事 103
　植物 37, 39, 131
　人口 95, 121
　スポーツ 107
　建物 67, 69
　治療法 133
　動物 23, 25, 29, 30, 31, 33, 35, 57, 59, 129
　博物館 113
　法律 111
　祭り 105
　迷路 77
　モニュメント 125
　UFO 43, 49
オーストリア 45, 68, 74, 112, 119, 153
お金 54, 65, 75, 100, 142, 144
億万長者 138
オセアニア 65, 94, 95, 149
お茶 101, 143, 146
オットセイ 35
おもちゃ 18-19, 112, 114
オランダ 58, 66, 70, 74, 106, 114, 128, 129, 144, 146
音楽 104, 110, 118-119

カ

カ（蚊） 24, 32
ガーナ 70, 142, 152, 153
ガイアナ 140
怪物 46-47

索引

海綿　24, 28, 41
カエル　16, 17, 22, 24, 25, 99, 104
崖　8, 109, 114
火災　72-73
火山　7, 11, 14-15, 19, 80, 81, 84, 108, 125, 126
　火口湖　7
　火山岩　15, 67
ガス　7, 73
風　8, 10, 20, 37, 40
化石　57, 112, 117
学校　70, 95, 103, 114-115, 144
カナダ　8, 18, 72, 82, 100, 110, 116, 138, 151, 152
　音楽　118
　国立公園　70
　植物　36, 38
　人口　94, 120
　動物　16, 24, 28, 30, 70, 138, 151
　博物館　66, 74, 112
　本　79
　湖　18, 81, 151
　迷路　77
　UFO　48
　幽霊スポット　44
カニ　16, 28, 29, 35, 71
ガボン　46
カマキリ　22, 31
雷　10, 12-13, 49
カムフラージュ（変装）　22-23, 27
カメ　35, 58, 59, 96, 145, 154
カメルーン　46, 150
カメレオン　23
カモ　102
貨物　20-21
カモノハシ　59
ガラパゴス諸島　58, 97
カリブ海　64, 94, 116, 126
川　18, 19, 74, 85
　アマゾン　6, 7, 81, 82, 141
　ニジェール　80
カンガルー　148
間欠泉　6, 81
観光客　34, 35, 36, 57, 64-65, 102
韓国　69, 71, 99, 105, 113, 125, 147
干ばつ　38, 75
ガンビア　124
カンボジア　37, 99, 127
木　36-37, 67, 140, 147
　伝説の〜　46, 47, 101
北アメリカ　58, 64, 87, 88, 90, 138-139
　菌類　40, 41
　植物　38-39
　人口　94, 120

動物　22, 30
キツネ　23, 24, 35
ギニア　46
絹　147
キノコ　40-41
吸血鬼　79, 112
救助　96-97
キューバ　28, 74, 139
丘陵　19, 124
教会　67, 68, 69, 74, 75, 76, 116, 126, 139
恐竜　57, 117
巨人　56, 124
巨石　124, 125
ギリシャ　19, 38, 55, 77, 145, 152
　古代〜　75, 76, 77, 131, 135, 153
金　50, 62, 126, 142
銀　51
菌類　39, 40-41
クアッカワラビー　35
グアム　96
クィディッチ　106
グーグル　62
空軍　62, 149
空港　108, 139
クジラ　24, 47, 68, 133
薬　37, 132-133
果物　36, 37, 98, 99, 100, 101, 111
　博物館　112, 113
　祭り　104, 105
クノッソス　77
クマ　30, 31, 33, 83, 138
クマムシ　25
クモ　17, 22, 30, 31, 99
雲　7, 11, 49
　火山の灰雲　14-15
クラゲ　26, 33
クリスマス　100, 147
クリスマス島　35, 71
クレタ島　19, 75
クロアチア　25, 47
ケニア　79, 91, 106, 143
言語　134-135, 138, 140, 146, 147
幸運　54-55, 71, 141, 153
光合成　24
鉱山（炭鉱）　72, 73, 74, 113, 123, 126, 127
交通　103, 108-109, 111, 149
コウモリ　29, 33, 99
ゴーストタウン　126-127
氷　10, 11, 67, 76, 82-83, 118
コオロギ　30, 32
コカ・コーラ　62, 100
コスタリカ　79, 102, 134, 139

古代ローマ　51, 74, 100, 129, 131, 132, 134
子ども　94-95, 145, 147
コモドドラゴン　31
コルコバードのキリスト像　12
ゴルフ　102, 144
コロンビア　18, 24, 36, 44, 54, 66, 112, 134, 140
コロンブス　58, 59, 134
コンゴ　46
コンゴ民主共和国　12, 153
コンピューター　62, 63

サ

サーフィン　102
サイクロン　11, 127
サウジアラビア　9, 80
魚　16, 17, 29, 141, 150
　カムフラージュ（変装）　22, 23
　食べ物　98, 99
　光る〜　26-27
サスクワッチ　46
サソリ　30, 98
サッカー（フットボール）　106, 107, 114, 128, 141
砂漠　124, 138
　アタカマ砂漠　116, 124, 126
　グレートサンディ砂漠　96
　サハラ砂漠　8, 24, 36, 97
　植物　37, 38, 39
　白砂漠　9
　シロリ砂漠　8
　動物　24, 25, 28
　ナミブ砂漠　6, 38, 142
　ルート砂漠　146
サメ　26, 27, 98, 116, 139
サル　34, 35, 105, 145
酸　24, 38
サンゴ礁　23, 85, 116
ザンジバル　129
サンショウウオ　24, 29
酸素　141
サンタクロース　100, 114
ザンビア　11, 47
サンマリノ　65, 80
寺院　35, 37, 51, 55, 67, 73, 74
シェットランド諸島　78, 105
シエラレオネ　150
塩　7, 18, 19, 66, 101
死海　7
時間　80, 100, 110, 143, 144, 149
紫禁城　45, 62
仕事　102-103

自動車　68, 111, 113, 117, 145
芝生　7, 76
島　58, 62, 63, 78, 80-83, 90, 91, 96, 97, 103, 149
　動物　16, 34-35, 143, 148
指紋　141
ジャイアンツコーズウェイ　8
ジャガイモ　98, 100, 112, 128, 141
ジャマイカ　44, 74, 98, 139
ジャワ島　7, 13, 45, 73, 85, 96
巡礼者　76
ジョージア　67, 146
植物　38-39, 63, 88, 141
　木　36-37, 46, 47, 67, 140, 147
　水生　18
　伝説　46, 47
　有毒な〜　36, 37, 98
城　44, 45, 51, 54, 79
シロアリ　6
シンガポール　17, 69, 99, 111, 150
人口　94-95, 120-121, 126, 127, 141, 144
浸水　74, 82-83
ジンバブエ　9, 11, 49, 51
神話　77, 101, 154
水銀　98, 133
水晶　66
スイス　57, 65, 78, 110, 115, 118
スウェーデン　12, 16, 36, 37, 45, 56, 110, 115
　音楽　118
　スポーツ　144
　建物　67, 118
　本　78
　迷路　76
スーダン　75, 143
スター・ウォーズ　79
スティーブンソン, ロバート・ルイ　78
スペイン　8, 18, 86, 110, 124, 144, 150
　建物　66, 74
　本　78
　祭り　93, 104
　迷路　76
　UFO　48
　流行　130
スポーツ　102, 106-107, 114, 121, 140, 142
スリランカ　31
スロベニア　25
セーシェル　35, 95
石炭　72, 73
赤道　13, 20, 81, 91, 141
赤道ギニア　65
石化　6

157

セネガル 18, 124	地球 80, 84-91, 155	海の～ 22-29, 46-47	仕事 103
セルビア 55	地上絵 77, 116, 124	カムフラージュ（変装） 22-23, 27	神社 63
先史 62, 77, 124-125, 132-133	窒素 29	専用の橋 70, 71	スポーツ 107
戦争 74, 126, 127, 128-29	チャド 111	～に関わる仕事 102, 103	食べ物 99, 101, 147
ゾウ 55, 68, 101, 111, 118, 133, 145	中央アメリカ 64, 82, 138-139	光る～ 5, 26-27	茶屋 67
草原 24, 40	植物 36, 38	有毒な～ 23-25, 28-29, 34, 98-99	博物館 113
藻類 18, 24, 28	動物 22, 28, 30	トウモロコシ 132, 141	法律 111
ソマリア 91, 142	中国 7, 9, 19, 33, 57, 63, 65, 71, 73, 75, 83, 91, 109, 111, 146, 147	道路 71, 102, 108-109, 138	ホテル 102
空飛ぶ円盤 48, 49		トーゴ 54, 142	祭り 105
ゾンビ 41	学校 114, 115	ドードー 59	UFO 49
	時間帯 80	トールキン, J・R・R 78	幽霊スポット 45
タ	仕事 103	トカゲ 16, 23, 25, 28, 31, 47, 145	ニュージーランド 5, 9, 19, 31, 67, 73, 86, 96, 109, 149, 151,
	人口 95	毒液 103	
ダーウィン, チャールズ 38, 58	建物 67, 69, 101	都市 64-65, 81, 83, 127, 144	菌類 41
タール 18	食べ物 99, 101	水中の～ 74, 75	植物 37, 39
タイ 47, 51, 65, 67, 101, 105, 113, 150	彫刻 55, 117	図書館 68, 138	スポーツ 107
大群 32-33	治療法 133	ドミニカ共和国 28, 58	博物館 113
大聖堂 66, 76, 78	博物館 69, 113	トラ 103	UFO 49
対蹠地 86-87	本 79	ドラゴン 71, 151	ニワトリ 30, 34, 103, 132
タイタニック号 58	迷路 77	鳥 25, 30, 32, 34, 35, 59, 103, 129	人魚 56, 74
大統領（アメリカ合衆国） 44, 50, 54, 69	モニュメント 62, 125	食べ物として 100, 101	人形 127
	UFO 49	伝説の～ 46, 47	根 37, 38
ダイバー 102, 104, 107, 139	流行 131	トリニダード・トバゴ 18, 22	ネコ 35, 103, 112, 113, 144
ダイヤモンド 50, 112, 127	中東 15, 30, 33, 107	トルクメニスタン 73	ネス湖の怪物 46, 47
大陸 88-91	チュニジア 79	トルコ 19, 55, 73, 80, 109, 116, 129, 146, 152, 153	ネズミ 17, 24, 33, 39, 51, 57, 59
人口 94-95, 120-121	チョウ 22, 23, 150		熱帯雨林 24, 28, 62, 90, 141
台湾 9, 69, 73	彫刻 9, 54, 55, 75, 76, 116-117, 134	音楽 119	ネパール 17, 31, 146, 152
滝 11, 18, 19, 44, 72, 84, 151	貯水池 74	博物館 113	粘土 66
タコ 23, 46, 47, 56, 99	チリ 10, 24, 46, 66, 81, 116, 124, 126, 134, 141	法律 110	ノルウェー 8, 35, 47, 63, 70-71, 108, 118, 150
タジキスタン 47		UFO 49	
タスマニア 9, 47	チンパンジー 31, 56	泥祭り 105	映画 78
ダチョウ 103	ツタンカーメン 50, 51	トンネル 24, 37, 109	呪い 50-51
竜巻 10, 11, 17	ツバル 149	トンボ 32	
建物 66-69, 95, 138, 145	ティムール 51		**ハ**
家 44, 50, 61, 66, 67, 68, 69	鉄道 63, 67, 138, 145	**ナ**	
教会 67, 68, 69, 74, 75	天気 10-11, 52, 53		歯 103, 131, 132, 133
寺院 37, 51, 55, 67, 74	電気 28, 140	ナイジェリア 68, 80, 94, 104, 114, 142	バーレーン 37
城 44, 45, 51, 54, 79	伝説 45, 46-47, 50, 54-55, 58, 74, 101		ハイ・ブラジル 58
水没した～ 74-75	デンマーク 76, 84, 103, 145	内陸国 80, 81	バイキング 105, 133, 134
塔（タワー） 58, 66, 68	ドイツ 56, 58, 59, 72, 94, 112, 116, 126, 153	泣き相撲 105	ハイチ 28
博物館 66, 69, 112-113		ナスカの地上絵 77, 124	バウンティ号 96
ホテル 44, 66, 67, 69	スポーツ 106	ナチス 126	ハエ 38, 39, 98
幽霊スポット 44-45, 138	建物 61, 79, 145	ナツメグ 98	墓 51, 54, 76, 124, 125
ダナキル低地 11	本 78	ナマケモノ 28, 102	パキスタン 12, 109, 115
種 37, 147	迷路 76	波 6, 8, 9, 96	ハクチョウ 102
食べ物 30, 93, 98-101, 119, 148	トイレ 110, 113, 132, 144	ナミビア 6, 22, 38, 99, 127, 142	バクテリア（細菌） 18, 24, 99
卵 30, 31, 59	陶器 66	南極大陸 10-11, 19, 63, 80, 82, 83, 90	博物館 66, 69, 74, 112-113
タランチュラ 33, 99	洞窟 6, 7, 62, 67, 113, 125	探検家 97	橋 37, 55, 70-71
タワー（塔） 58, 66	動物 5, 25	動物 24	旗 140, 146
探検家 56, 58, 97, 140, 148	灯台 10, 44, 52	ニカラグア 46	ハチ 33, 40
タンザニア 91, 129, 143	東南アジア	ニジェール 94	バチカン市国 64-65, 80
チーズ 98, 105	食べ物 99	日本 11, 19, 35, 41, 55, 59, 71, 85, 147, 152, 153	ハチミツ 98
チェコ 9, 145	動物 22, 23, 25, 29, 31		爬虫類 23, 47
チェス 106, 144	動物 16-35, 132, 143	子ども 95	バッタ 33, 99

花　22, 38, 39, 146, 149
ハナアブ　22
パナマ　82, 97, 139, 150
パプアニューギニア　37, 49
浜辺(ビーチ)　8, 9, 18-19, 45, 51, 111, 148, 149
バミューダ　138
バミューダトライアングル　52-53, 113
ハムスター　31
パラグアイ　36, 140
針(トゲ)　23, 33, 39, 98
ハリー・ポッター　77, 78, 106
ハリケーン　44, 52, 53
バルカン半島　38
ハワイ　19, 23, 50, 62, 77, 108
ハンガリー　17, 51, 69, 105, 117, 145
バングラデシュ　83
バンジージャンプ　149
パンダ　146
ヒキガエル　30
飛行機　14, 48-49, 52-53, 62, 108, 134, 148
ピサの斜塔　58
ビッグフット　46, 56
日時計　70
ヒヒ　32
ヒマラヤ山脈　12, 13, 47, 83, 109, 146
氷山　58, 102
ピラミッド　75, 139, 143
ピルトダウン人　57
ファラオ　51, 101
フィリピン　7, 37, 39, 80, 96, 119, 152
フィンランド　9, 80, 103, 111, 117, 151
　スポーツ　107, 144
ブータン　31
フードゥー　8
プエルトリコ　8, 34, 46, 52, 53
ブタ　34, 112, 117, 128
船　52, 53, 58, 96, 97
ブラーニーの石　54
ブラジル　12, 16, 34, 36, 48, 56, 64, 68, 70, 74, 88, 97, 108 140, 141, 150
　アマゾン　62, 82, 90, 141
　人口　94, 120
　スポーツ　106, 141
　博物館　113
　法律　110
プラスチック　20-21, 66
フラミンゴ　18, 100
フランス　10, 36, 46, 50, 62, 64, 70, 108, 112, 144, 151, 153
　人口　120, 121

本　78
迷路　76
モニュメント　124
UFO　48
幽霊スポット　44
流行　130
フランス領ギアナ　94
フランス領ポリネシア　79
ブルガリア　129, 152
プレーリードッグ　30
フン(糞)　28, 29, 31, 101, 131, 133, 140, 143
フンコロガシ　28, 43
ペット　35, 102, 112, 145
ベトナム　71, 147, 152
ベネズエラ　10, 12, 74, 79, 140
ヘビ　22, 30, 34, 47, 103, 115, 145
ペルー　6, 8, 82, 141
　音楽　118
　本　78
　歴史　54, 74, 77, 124, 134
ベルギー　48, 68, 144
ペンギン　34
胞子　40, 41
法律　110-111
ホープ・ダイヤモンド　50
ポーランド　37, 77, 130, 145
ボクシング　106
ホグワーツ　78
北極圏　63, 96, 102
　動物　23, 29, 30
ポッター, ビアトリクス　78
ボツワナ　142
ホテル　44, 66, 67, 69, 102, 103
骨　24, 44
ホビット　78
ボリビア　6, 8, 18, 36, 66, 74, 81, 102, 108, 140
ポルトガル　66, 74, 76, 78, 86, 144
ボルネオ　22, 47
ホワイトハウス　44
本　58, 68, 78-79, 97
ホンジュラス　16, 97, 128, 139

マ

マグロ　98
マダガスカル　23, 37, 41, 47, 49, 71, 111, 143
祭り　93, 99, 104-105, 143
ミーアキャット　31
ミクロネシア　95, 135
水　6, 7, 18-19, 83, 96, 99, 110, 141, 145

湖　7, 10, 18-19, 46, 74, 75, 80, 81
ミステリーサークル　56
南アフリカ　47, 57, 73, 94, 104, 108, 113, 121, 142, 143
　植物　38, 39
　スポーツ　106
　建物　67, 68, 69
　動物　31, 32, 35, 103
　法律　111
　UFO　49
　幽霊スポット　45
南アメリカ　12, 56, 64, 87, 88, 90, 140-141
　菌類　40, 41
　植物　38
　人口　94, 120, 141
　動物　22, 24, 28, 30, 32
　歴史　100, 131, 132
ミノタウロス　77
耳　24, 103, 128
虫　5, 16, 17, 22-23, 24, 27, 32-33, 38, 133, 145, 147
　授粉者　38, 39, 40
　食べ物として　99
迷路　76-77
メキシコ　6, 54, 104, 110, 128, 152
　木　36
　菌類　40
　建物　68, 74, 126
　彫刻　116, 124, 134
　動物　28, 30
メタンガス　73
モーリシャス　59, 67
モーリタニア　8, 88
モグラ　24
森　37, 40, 45, 57, 78, 80, 140
モルディブ　83, 95
モロッコ　28, 64, 142
モンゴル　51, 117

ヤ

ヤギ　28
野菜　101, 119, 141
ヤシの実　102
ヤスデ　27
山　8, 10, 11, 80, 90, 91
　海底の〜　84, 85
　道路　109
ヤンソン, トーベ　78
ユーゴー, ビクトル　78
有毒な
　植物　36, 37
　食べ物　98-99

動物　23, 24, 25, 28, 29
UFO　43, 48-49, 56, 66, 104, 141
幽霊　44-45, 50, 138
幽霊スポット　44-45
雪　10, 11, 81, 138
ユニコーン　145
妖精　46, 55, 57, 58, 114, 151
幼虫　23
ヨーロッパ　9, 14-15, 82, 86, 88, 91, 108, 144-145
　菌類　40, 41
　人口　94, 95, 120
　治療法　132-133
　動物　22, 23, 28, 29, 31
　流行　130-131

ラ

ライオン　31, 150
ラクダ　25, 107, 142, 148
ラスプーチン　51
ラディッシュ　104
立石群　125
リヒテンシュタイン　80, 128
流行　130-131
両生類　24, 28, 29, 30
ルイス, C・S　79
ルーマニア　7, 75, 79
ルバーブ　98
LEGO®　21, 103
列車　67, 138, 145
ロシア　9, 11, 17, 39, 49, 51, 63, 71, 75, 80, 81, 83, 87, 115, 125, 127, 145
　映画　79
　音楽　119
　子ども　95, 115
　建物　69
　博物館　113
　法律　111
　迷路　76, 77
　UFO　49
ロッキー山脈　28
ロボット　102, 107
ロマノフ家　51, 79

ワ

ワニ　69, 131
ワラビー　34

謝辞

DK社は、以下の方々の協力に感謝を申し上げます。校正担当のHazel Beynon、索引担当のCarron Brown、編集協力のAnn Baggaley、Jessica Cawthra、Anna Fischel、Anna Limerick、Georgina Palfrey。

以下の権利者の許諾のもと図・写真を使用しています。

カッコ内のアルファベットは各ページにおける掲載位置を表しています。
(a)＝上、(b)＝下/最下部、(c)＝中央、(f)＝端、(l)＝左、(r)＝右、(t)＝最上部

1 123RF.com: Elena Schweitzer (tc). **TurboSquid:** 3d_molier International (bc) **2 Alamy Stock Photo:** World History Archive (tr). **Rex Shutterstock:** Shaun Jeffers (tc) **3 123RF.com:** Chris Boswell (tc). **Alamy Stock Photo:** imageBROKER (tl); mauritius images GmbH (tc/Tomato Festival); Nature Picture Library (tr) **4-5 Rex Shutterstock:** Shaun Jeffers **6 Alamy Stock Photo:** lynn hilton (tr). **Dreamstime.com:** Nahiluoh (cb). **Getty Images:** Allentown Morning Call (tc); Speleoresearch & Films / Carsten Peter (ca); robertharding / Lee Frost (crb). **iStockphoto.com:** Vadim_Nefedov (clb); Virginia44 (tl). **Andrés Ruzo:** (c) **7 123RF.com:** long10000 (cra); Aleksandr Penin (ca); ostill (cr). **iStockphoto.com:** guenterguni (cl); mazzzur (c). **Professor J. Colin Murrell:** (tl). **Jordan Westerhuis:** (crb) **8 123RF.com:** konstantin32 (bl); Petr Podrouzek (clb). **Depositphotos Inc:** frankix (cb); sellphoto1 (bc). **Dreamstime.com:** Bcbounders (cl); Bennymarty (c) **10 Alamy Stock Photo:** Aurora Photos (bl) **11 123RF.com:** lightpoet (tr). **Alamy Stock Photo:** Roger Coulam (tc); gadag (tl) **15 iStockphoto.com:** narloch-liberra (br) **17 Getty Images:** Julia Cumes (tc) **18 123RF.com:** belikova (cb); Konstantin Kopachinsky (cr); lorcel (tc). **Alamy Stock Photo:** Joan Gil (tr); HI / Gunter Marx (ca). **Dreamstime.com:** Anna Krasnopeeva (cra). **Getty Images:** EyeEm / Patrick Walsh (cla). **iStockphoto.com:** Jose carlos Zapata flores (c) **19 123RF.com:** Wiesław Jarek (ftl); Alessandro Ghezzi (bc/Kaihalulu); iriana88w (fcr); Olga Khoroshunova (c); Phurinee Chinakathum (tr). **Alamy Stock Photo:** Arterra Picture Library (bc); FRIEDRICHSMEIER (tl). **Dreamstime.com:** Hupeng (tc); Konart (cr); Patryk Kosmider (bl). **Getty Images:** Alasdair Turner (fbr) **20-21 TurboSquid:** Ultar3d (ducks) **20 TurboSquid:** Sezar1 (c) **21 Rachael Grady:** (tr) **22 123RF.com:** Mirosław Kijewski (ca); vilainecrevette (cra); Sutisa Kangvansap (bc). **Alamy Stock Photo:** John Cancalosi (c); Image Quest Marine (fclb); WILDLIFE GmbH (br); imageBROKER (fcrb). **Ardea:** Science Source / John W. Bova (cla). **DK Images:** Thomas Marent (fcla, cb). **Dreamstime.com:** Whitcomberd (cl). **FLPA:** Minden Pictures / Chien Lee (fcl). **naturepl.com:** Alex Hyde (fcra) **23 123RF.com:** Matee Nuserm (cla, c). **Alamy Stock Photo:** Arco Images GmbH (crb); Lisa Moore (fclb); Stuart Cooper (ca). **Depositphotos Inc:** ead72 (cr). **Dorling Kindersley:** Dreamstime.com: Seatraveler (cl). **Dreamstime.com:** Andrew Astbury (tl); Ethan Daniels (fcr); Marc Witte (fcrb). **FLPA:** Minden Pictures / Chien Lee (clb). **naturepl.com:** PREMAPHOTOS (cra) **25 Dorling Kindersley:** Dreamstime.com: Mgkuijpers (tc); Dreamstime.com: Velora / Anna Bakulina (tr). **iStockphoto.com:** Studio-Annika (tc/Harlequin poison dart frog) **26 Alamy Stock Photo:** Nature Picture Library (tl, clb, cra); Solvin Zankl (br/ Lanternfish, c). **Depositphotos Inc:** stephstarr9363@gmail.com (cla, tr). **Getty Images:** Peter David (fcrb); Joel Sartore (crb). **SuperStock:** Pantheon / Steve Downeranth (cb) **27 Alamy Stock Photo:** blickwinkel (tl); National Geographic Creative (tr); WaterFrame (cr). **Depositphotos Inc:** Fireflyphoto (tc/ Synchronous fireflies). **Getty Images:** Matt Meadows (ftr); Brian J. Skerry (cra); Westend61 (cb) **28 123RF.com:** Andrea Izzotti (bc/crab). **Alamy Stock Photo:** Brandon Cole Marine Photography (bc); Andrey Nekrasov (br) **30 123RF.com:** Natalia Bachkova (br) **31 Alamy Stock Photo:** Premaphotos (bc). **SuperStock:** Minden Pictures / Cyril Ruoso (tc) **33 Alamy Stock Photo:** Nature Picture Library (tr) **34 Alamy Stock Photo:** Frans Lanting Studio (cl) **35 Alamy Stock Photo:** Gianni Muratore (cr) **36 Alamy Stock Photo:** imageBROKER (tr); robertharding (fcl); Darby Sawchuk (tl). **Depositphotos Inc:** casadaphoto (cb); javarman (clb). **Dreamstime.com:** Byelikova (cr); Evgeniefimenko (c). **iStockphoto.com:** drferry (cl) **37 123RF.com:** Dr Ajay Kumar Singh (fcl). **Alamy Stock Photo:** 42pix Premier (br); Patti McConville (bc); Brian McGuire (tr). **Depositphotos Inc:** avk78 (clb); javarman (cl); sainaniritu (fcrb). **Dreamstime.com:** Leslie Clary (c); Florentiafree (tl); Mark Higgins (crb). **iStockphoto.com:** Komngui (cr) **38 iStockphoto.com:** MirekKijewski (bc, br) **39 Depositphotos Inc:** Juan_G_Aunion (cr). **naturepl.com:** MYN / John Tiddy (cra) **40 FLPA:** Steve Gettle / Minden Pictures (crb) **41 Alamy Stock Photo:** Thailand Wildlife (tr) **42-43 Alamy Stock Photo:** World History Archive **44 iStockphoto.com:** xbrchx (br) **45 123RF.com:** hecke (bc). **iStockphoto.com:** BeholdingEye (tc) **47 Alamy Stock Photo:** AF archive (tr). **TurboSquid:** 3d_molier International (tc). **48 Getty Images:** Popperfoto (br) **49 Alamy Stock Photo:** Andrew O'Brien (tc). **Dreamstime.com:** Sergio Boccardo (tr); Conceptw (tc/ drone). **iStockphoto.com:** icholakov (tl) **50 Alamy Stock Photo:** Granger Historical Picture Archive (tl) **51 Getty Images:** Tim Graham (tr) **52-53 Wikipedia:** Grumman Tbm Avenger by helijah is licensed under CC Attribution (aircraft) **52 Getty Images:** The LIFE Picture Collection (bc) **53 Alamy Stock Photo:** Kevin Foy (cra). **iStockphoto.com:** Mark_Doh (cr); NejroN (crb) **54 Alamy Stock Photo:** Ken Welsh (bc) **55 Alamy Stock Photo:** Newscom (tc). **Fleur Star:** (bl) **56-57 Dreamstime.com:** Bert Folsom (Basemap) **56 Getty Images:** Klaus Leidorf / Klaus Leidorf / Corbis (br); Hulton Archive (crb) **57 Alamy Stock Photo:** Granger Historical Picture Archive (tr). **Getty Images:** Glenn Hill (tc) **58 Getty Images:** Marka (br) **59 Alamy Stock Photo:** Chronicle (tl) **60-61 Alamy Stock Photo:**imageBROKER **62 Getty Images:** Bettmann (br) **63 Alamy Stock Photo:** ITAR-TASS Photo Agency (tr) **64 Alamy Stock Photo:** Ian Dagnall (cla) **65 iStockphoto.com:** sborisov (br) **66-67 123RF.com:** Alexander Tkach (Basemap) **66 Alamy Stock Photo:** Pep Roig (br) **67 123RF.com:** Israel Horga Garcia (cr). **Getty Images:** VCG (bc) **68 Dreamstime.com:** Mikhail Lavrenov (bl) **71 Depositphotos Inc:** kossarev56@mail.ru (tc). **Getty Images:** The Asahi Shimbun (tr) **72 Getty Images:** Gordon Wiltsie (crb) **72-73 123RF.com:** byzonda (Flame Icons) **73 Getty Images:** MCT (tr) **74 Rex Shutterstock:** Marc Henauer / Solent News (tc) **75 Alamy Stock Photo:** Sabina Radu (bc); Visual&Written SL (cr). **Dreamstime.com:** Topdeq (bl) **76 Alamy Stock Photo:** BRIAN HARRIS (cl); Hemis (bl) **77 123RF.com:** Matyas Rehak (c/Nazca Lines). **Alamy Stock Photo:** Design Pics Inc (c). **Dreamstime.com:** Irissa (tc). **Getty Images:** DEA / A. DAGLI ORTI (cr); Bethany Clarke / Stringer (bl); PIOTR NOWAK / Stringer (bc) **78-79 TurboSquid:** 3dlattest (clapper board); 3d_molier International (OpenBook); Tornado Studio (Classic Book Standing) **78 Alamy Stock Photo:** Endless Travel (br) **79 123RF.com:** Stephan Scherhag (br). **Alamy Stock Photo:** Hilary Morgan (crb). **Dreamstime.com:** Naumenkoaleksandr (bc) **80 123RF.com:** Veronika Galkina (tc); zhaojiankangphoto (fcra); server (c); Saidin B Jusoh (cr). **Alamy Stock Photo:** Boyd Norton (tr); robertharding (cl); Petr Svarc (bc). **Depositphotos Inc:** sborisov (cla). **Dreamstime.com:** Nadezhda Bolotina (cra); Serhii Liakhevych (ca); Volodymyr Dubovets (fcr) **81 123RF.com:** Sergii Broshevan (c). **Alamy Stock Photo:** Tiago Fernandez (cb). **Dreamstime.com:** Cosmopol (crb); Mikepratt (ca/Moraine). **Getty Images:** Jean-Erick PASQUIER (tl). **Science Photo Library:** DR JUERG ALEAN (ca) **82 Getty Images:** UniversalImagesGroup (br) **83 Alamy Stock Photo:** dpa picture alliance (bc) **84 Alamy Stock Photo:** robertharding (bc). **Getty Images:** Universal History Archive (bl) **85 Alamy Stock Photo:** imageBROKER (bc) **86 TurboSquid:** Nestop (Ladder) **89 Alamy Stock Photo:** Pictorial Press Ltd (cr) **91 Science Photo Library:** MARK GARLICK (bc) **92-93 Alamy Stock Photo:** mauritius images GmbH **95 Getty Images:** STRDEL / Stringer (bc) **96 Alamy Stock Photo:** INTERFOTO (tl) **98 Depositphotos Inc:** bit245 (cl); jochenschneider (tl); oksixx (tc, ca); elenathewise (cla); ttatty (c) **99 Alamy Stock Photo:** ASK Images (bc) **101 Alamy Stock Photo:** Pulsar Imagens (bl). **Depositphotos Inc:** smaglov (tc) **102 Alamy Stock Photo:** Aflo Co. Ltd. (clb) **103 Alamy Stock Photo:** Image Quest Marine (tr); Adrian Sherratt (tc) **104 Alamy Stock Photo:** Nick Gammon (br). **Dreamstime.com:** Kathy Burns (cl). **Getty Images:** Robert Frerck (bl); Philip Gould (tl) **104-105 Alamy Stock Photo:** Piter Lenk (Basemap) **105 Alamy Stock Photo:** ZUMA Press, Inc. (br). **Getty Images:** Barcroft Media (tr); Jeff J Mitchell / Staff (tl); Chung Sung-Jun / Staff (cr) **106 Alamy Stock Photo:** Pete Lusabia (br) **107 Alamy Stock Photo:** WENN Ltd (tc) **108 Alamy Stock Photo:** DavidDent (cla); imageBROKER (cl); Philip Mugridge (clb) **109 123RF.com:** Fabian Plock (tr). **Alamy Stock Photo:** David Wall (crb). **Dreamstime.com:** Freelady (cr) **110 iStockphoto.com:** Mumemories (crb) **112 Dreamstime.com:** Icononiac (br) **113 Depositphotos Inc:** paulobaqueta (bc). **iStockphoto.com:** zhuzhu (bl) **114 Rex Shutterstock:** Sipa Press (br)**116-117 Dorling Kindersley:** *Metalmorphosis* reproduced with the kind permission of David Cerny; *Ballerina Clown* reproduced by kind permission of Jonathan Borofsky; *Possanka* reproduced with the kind permission of Alvar Gullichsen. **116 Alamy Stock Photo:** Xinhua (bl). **Dreamstime.com:** Ykartsova (br) **118-119 Dreamstime.com:** Seamartini (Basemap) **118 Getty Images:** Paula Bronstein (br) **119 Alamy Stock Photo:** ITAR-TASS Photo Agency (bl) **121 Alamy Stock Photo:** jeremy sutton-hibbert (tr). **Getty Images:** Ian Cook (bc) **122-123 123RF.com:** Chris Boswell **124 Dreamstime.com:** Yulan (bl) **125 iStockphoto.com:** Benkrut (tr) **126 123RF.com:** Chris Boswell (tl); ricochet64 (fcra); snehit (cla); Jesse Kraft (cb). **Alamy Stock Photo:** Panther Media GmbH (cl); redbrickstock.com (crb); tropicalpix / JS Callahan (cr). **Depositphotos Inc:** Zunek (c). **Dreamstime.com:** Lee O'dell (cla/Bannack) **127 123RF.com:** bloodua (tl); motive56 (cra); milla74 (fcla); pytyczech (fclb). **Alamy Stock Photo:** ITAR-TASS Photo Agency (cla); Paul Mayall Australia (crb); Kat Kallou (cr): Pradeep Soman (c); Jim Keir (cl). **Getty Images:** Carl Court (bc). **iStockphoto.com:** andzher (tr) **129 The Museum of Army Flying:** (bl) **130 Alamy Stock Photo:** Science History Images (br) **132 Alamy Stock Photo:** Everett Collection Inc (crb) **133 Alamy Stock Photo:** Art Collection 2 (tr) **134 Alamy Stock Photo:** Art Collection 2 (br) **135 Alamy Stock Photo:** World History Archive (tr) **136-137 Alamy Stock Photo:** Nature Picture Library **138 Alamy Stock Photo:** Francis Vachon (tr). **Depositphotos Inc:** jovannig (bl). **Dreamstime.com:** Sashkinw (crb) **139 Depositphotos Inc:** flocutus (tr) **140 Depositphotos Inc:** DanFLCreativo (cr). **Getty Images:** The Washington Post (tl) **141 Depositphotos Inc:** pxhidalgo (cl) **142 Depositphotos Inc:** demerzel21 (bl). **Getty Images:** Martin Harvey (cr) **143 Depositphotos Inc:** czamfir (br); ThomasAmby (cl) **146 Depositphotos Inc:** THPStock (tl). **Getty Images:** Henna Malik (br) **147 Getty Images:** MANJUNATH KIRAN / Stringer (br) **148 Depositphotos Inc:** sumners (tl). **NASA:** MSFC (br) **149 Depositphotos Inc:** brians101 (t) **150 Depositphotos Inc:** anekoho (t) **151 Depositphotos Inc:** diktattoor (br); Dirima (tc); yayayoyo (bc) **154 123RF.com:** Elena Schweitzer (cr). **Alamy Stock Photo:** Semen Tiunov (tl). **155 Alamy Stock Photo:** National Geographic Creative (tl).

All other images © Dorling Kindersley
For further information see:
www.dkimages.com

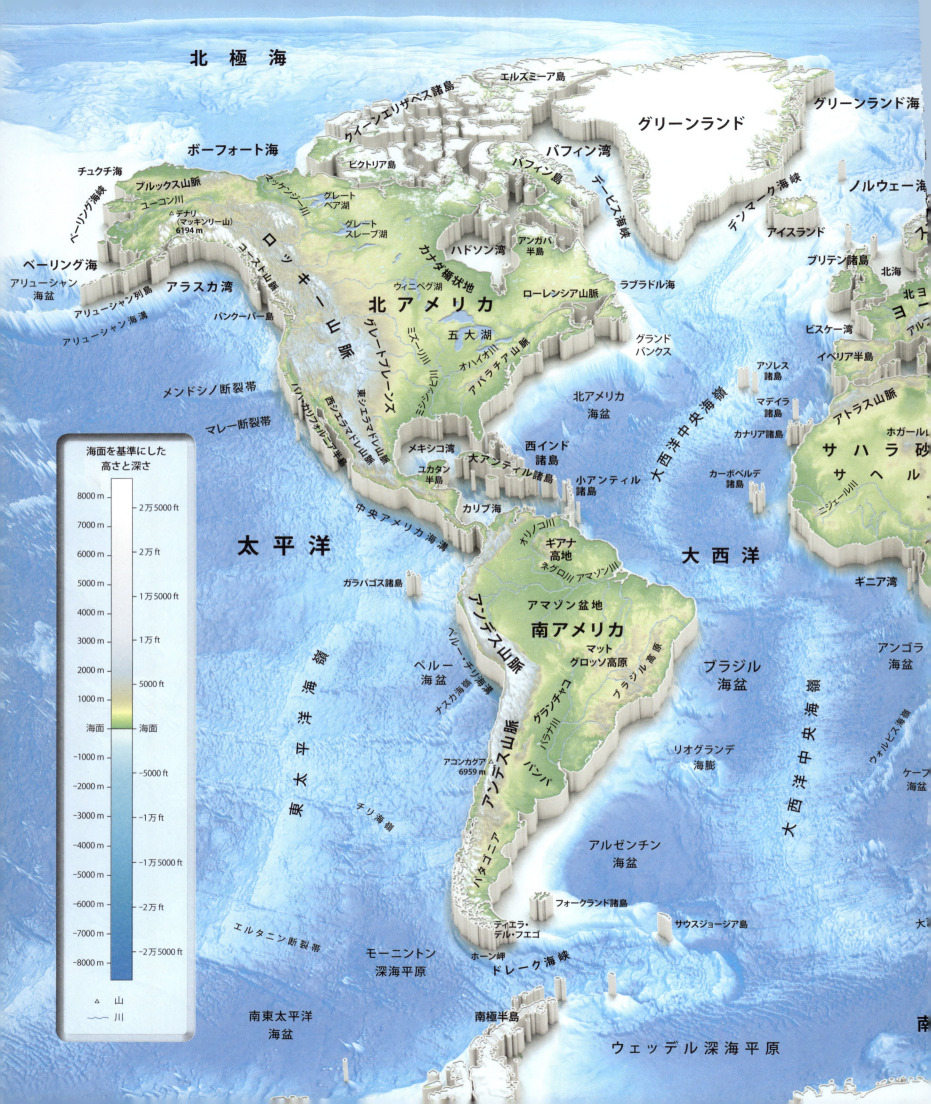